우리 아이의
수학적 잠재력을 깨워주는

창의력
수학

그림자로
배우는 수학

이 책을 보시는 부모님들께

머리가 좋아야 수학을 잘 한다는 말이 있습니다. 또, 수학을 잘 못하는 아이는 아빠, 엄마의 머리를 물려받아서 그렇다는 등의 난데없는 유전자 논쟁이 벌어지기도 합니다. 하지만 많은 사람들의 일반적인 생각과는 달리 이는 근거없는 이야기입니다. 외국의 한 연구 기관에서 언어, 사회, 수학, 과학의 네 가지 분야 중 어떤 것이 아동의 선천적 재능에 영향을 받는지 조사한 연구 결과를 발표했는데 일반적인 예상과는 다르게 선천적 재능에 영향을 받는 순서는 사회, 언어, 과학, 수학 순이었습니다. 다시 말해, 수학은 여러 학문 분야 중 선천적인 재능보다는 후천적인 환경이나 교육자, 학습자의 노력에 가장 큰 영향을 받는 학문이라 볼 수 있습니다. 수학의 가장 기본이 되는 '수 영역'의 예를 들어 보겠습니다. 아이들이 수를 처음 접하는 시기의 차이는 있지만 실제 수에 대한 감각과 수를 다루는 연습은 생활 속에서의 체험이나 다양한 활동, 학습 속에서 이루어집니다. 즉, 수학의 가장 기본이 되는 수는 선천적으로 가진 재능과는 거의 연관이 없으며 자라나면서 어떤 환경에 놓이는지, 얼마나 많이 수를 생각할 수 있는 기회가 있는지, 나이에 맞는 올바른 학습을 만날 수 있는지에 좌우됩니다. 그러므로 아이의 수학적 발달에 문제가 있다면, 그 아이가 누구를 닮아서 그런지, 지능이 떨어지는지를 따질 것이 아니라 수학적 힘을 기를 수 있는 학습 환경을 어떻게 만들어줄 것인가를 고민해야 합니다.

국제영재교육연구소의 랜즐리 소장은 영재의 기준을 마련하기 위해 여러 연구를 시행한 결과, 영재의 공통적인 특징들을 발견하였습니다. 첫째는 115 이상의 지능지수(IQ), 둘째는 창의력(Creativity), 셋째는 동기적 요소라고 부르는 끈질긴 근성과 과제집착력이었습니다. 이들 세 가지 요소 역시 선천적으로 타고 나는 부분도 물론 있겠지만 대부분 후천적인 학습이나 교육 활동을 통해 기를 수 있는 능력이라는 데에 이의를 제기하기는 힘듭니다.

이 처럼 수학적 능력은 후천적 학습 환경에 주로 좌우되며, 특히 어린 시절에는 그러한 경향이 더더욱 두드러집니다. 하지만 우리의 아이들을 둘러싼 수학적 환경을 다시 한 번 돌아봅시다. 초등학교를 들어가기 전부터 과도한 학습량과 무의미한 반복 활동, 이후의 수학 학습에 오히려 방해가 될 정도로 무리한 선행 학습 등의 환경은 아이의 수학적 힘을 길러주기보다는 수학에서 가장 중요한 창의적 사고력을 기를 수 있는 기회를 박탈함과 동시에 수학에 대한 흥미를 급속하게 떨어뜨리게 하여 수학으로 문제를 해결하려는 의지, 즉 수학적 동기를 스스로에게 부여하는 것을 불가능하게 만들어 버립니다. 중요한 것은 남들보다 먼저, 그리고 더 많이 수학적 지식을 머리 속에 주입하는 것이 아니라 태어나서부터 누구나 가지고 있는 수학에 대한 관심, 그리고 수학으로 생각하는 힘을 일깨워주는 것입니다.

수학을 잘할 수 있는 힘,

수학적 잠재력은 이미 여러분 아이들의 머릿 속에 줄곧 있어왔습니다. 단지 어떤 아이는 그것을 찾아내어 드러낼 수 있었고, 어떤 아이는 꼭꼭 숨긴 채 평생 드러나지 않을 뿐입니다. 이러한 수학적 잠재력에 대한 참신한 자극 – 생각을 두드리는 '노크'를 제안하려 합니다. '노크'는 수학적 지식과 스킬만을 무리하게 밀어넣지 않습니다. 왜 수학을 해야 하고, 어떻게 수학으로 가능한지 끊임없이 스스로 생각하게하는 계기로서의 활동이 되려 합니다. 일상으로부터 괴리된 학문으로서의 수학이 아닌, 삶을 살아가며 반드시 키워야 할 논리적, 합리적 사고력을 기를 수 있는 누구에게나 가장 중요한 경쟁력으로서의 수학을 주장합니다. '노크'야말로 새로운 수학 학습의 길을 보여주는 방향타가 될 것입니다.

한 현 조

구성과 특징

✴ 흥미로운 단원 도입

테마 Story

- 이야기의 주제와 단원 내용을 소개함으로써 학습 내용에 흥미를 가질 수 있도록 합니다.
- 단원과 관련된 그림과 질문을 통해 배울 내용을 미리 생각해 볼 수 있습니다.

수학 이야기

- 재미있는 이야기를 통해 학습 주제에 대한 흥미와 관심을 높일 수 있습니다.
- 과학, 예술, 역사, 수학사, 실생활 등 다양한 이야기를 수학적 개념과 관련지어 수학의 가치와 필요성을 느낄 수 있도록 합니다.

✴ 창의적인 내용 전개

💡 생각 열기

- 수학적 개념, 원리, 법칙을 자유로운 생각과 다양한 활동을 통해 발견할 수 있도록 합니다.

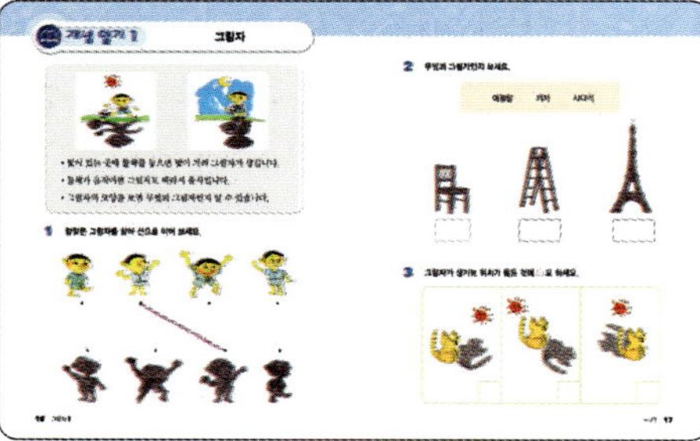

📖 개념 알기

- 단원별 4개의 소주제를 제시하였고, 학습 목표를 쉽게 이해할 수 있도록 설명해 놓았습니다.
- 기본 유형 문제와 간단한 응용 문제로 구성되어 있어 수학적 사고력을 단계적으로 기를 수 있습니다.

✳ 창의사고력 **심화 학습**

스토리텔링 **창의수학**

- 주제와 관련된 창의 사고력 수학 문제를 제시하여 학습 내용을 좀 더 다양하고 깊게 탐구해 볼 수 있습니다.
- 다른 학문 분야나 생활 속 현상 등과 같은 다양한 소재로 문제 해결력, 융합적 사고력을 기를 수 있습니다.

✳ 재미있는 **활동과 읽을거리**

수학 게임

- 만들기 활동으로 수학에 관심과 흥미를 가지고 수학의 가치를 이해하며, 자연스러운 학습으로 자신감을 키울 수 있습니다.
- 수학 게임으로 재미있게 수학을 학습하고, 게임의 규칙과 승리 전략을 탐구하며 논리적인 사고력을 기를 수 있습니다.

지식 백과

- 각 단원의 마지막에 있는 읽을거리로 사회, 과학, 예술 및 실생활 사례 등을 수학적으로 바라볼 수 있도록 하였습니다.
- **Q A**는 지식을 업그레이드 할 수 있는 코너로 아이들 눈에 궁금할 수 있는 질문과 그에 대한 명쾌한 답을 실었습니다.

✳ 빠른 답과 바른 풀이

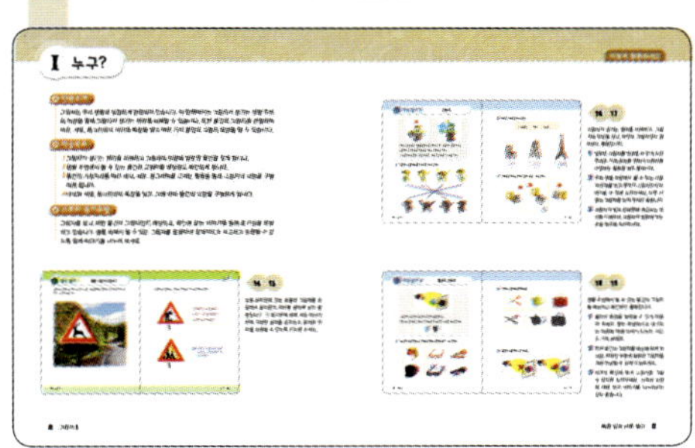

- 각 단원을 간단히 소개하고 학습 목표 및 방향을 바로 세울 수 있게 구성하였습니다. 빠르고 쉽게 정답을 확인할 수 있으며 학부모용 활용 방법을 제시하여 학습지도에 도움이 되도록 하였습니다.

차 례 CONTENTS

그림자 I

개념 알기
1 그림자
2 물건의 그림자
3 여러 가지 모양
4 그림자 그리기

그림자 II

개념 알기
1 무엇 무엇의 그림자일까요?
2 물건의 그림자
3 모양 겹치기
4 모양 만들기

누구?

움직이는 것은 누구 그림자?

저기 독수리가 앉아 있어!
아니네, 얼굴에 바르는
로션통이네.
커다란 나무다.
몸에 좋은
브로콜리잖아.

깜짝이야!
입이 큰 악어야.
아니네? 커다란 집게구나.

에고~ 힘들어.
의자에 앉아서 잠깐 쉬었다 갈까?
어, 의자 그림자가 움직이네?
누구 그림자지?

움직이는 의자라면
흔들의자, 바퀴달린 의자가 있지.

긴 목이나 꼬리가 있는 동물을 찾아보자.

교통 표지판을 본 적이 있나요? 교통 표지판에는 사람과 차가 지켜야 할 약속이 그려져 있습니다.

아래의 표지판들은 무엇을 의미하는지 이야기해 보세요.

다람쥐가 살고 있어요.
갑자기 나올 수 있으니
천천히 지나가세요.

- 빛이 있는 곳에 물체를 놓으면 빛이 가려 그림자가 생깁니다.
- 물체가 움직이면 그림자도 따라서 움직입니다.
- 그림자의 모양을 보면 무엇의 그림자인지 알 수 있습니다.

1 알맞은 그림자를 찾아 선으로 이어 보세요.

2 무엇의 그림자인지 쓰세요.

에펠탑　　　의자　　　사다리

3 그림자가 생기는 위치가 옳은 것에 ◯표 하세요.

- 물건의 그림자는 물건의 모양과 닮았습니다.

- 물건의 모양과 그림자의 모양을 비교하여 그림을 완성합니다.

1 물건의 그림자입니다. 그림자의 틀린 부분을 찾아 ✕표 하세요.

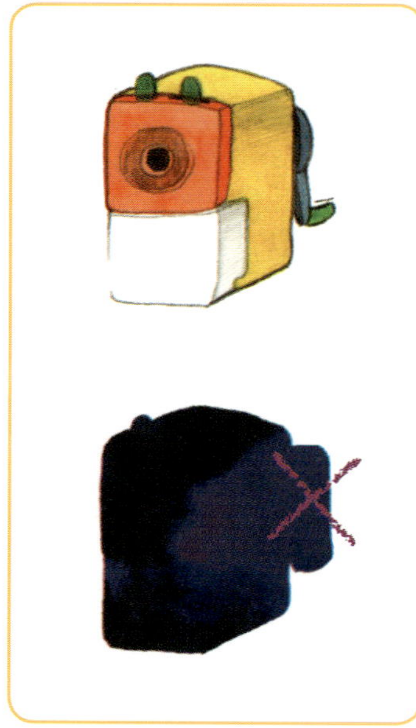

2 지워진 그림자를 완성하세요.

3 물체의 그림자를 그려 보세요.

[동물의 그림자]

1 준이는 가족들과 함께 동물원에 갔습니다. 준이가 본 동물들의 그림자로 알맞은 것에 ○표 하세요.

Tip

동물의 특징을 가지고 있는 그림자를 찾습니다.
코끼리의 그림자는 긴 코를 가지고 있습니다.

2　운동 선수들의 지워진 그림자를 완성하고, 어떤 운동인지 쓰세요.

[그림자 이야기]

3 그림을 보고, 빈칸에 들어갈 이야기를 완성해 보세요.

[뉴스 속 그림자]

4 민수의 고모는 HBC 뉴스 촬영 기자입니다. 봄에는 푸른 들판을, 여름에는 해수욕장을, 가을에는 단풍이 든 산을, 겨울에는 눈 덮인 산을 촬영했다고 합니다. 그런데 고모의 뉴스 화면에는 항상 검은색 물체가 움직이고 있습니다. 무엇의 그림자인지 쓰세요.

그림자 놀이

다음 그림을 보고 몸을 움직여 그림자를 만들어 봅시다.

게임 방법

❶ 아래와 같이 그림자를 만들며 준비 운동을 합니다.

그림자 준비 운동

❷ 아래 게임 카드의 내용에 따라 몸을 움직여 그림자를 만듭니다.

그림자를
가장 길게
만드시오.

그림자가
나와 떨어지게
하시오.

다른
그림자를
밟으시오.

그림자에
구멍 2개를
만드시오.

승현이는 세모 모양 그림자를 보고, 그림자의 주인공을 상상하며 그림을 그렸습니다.

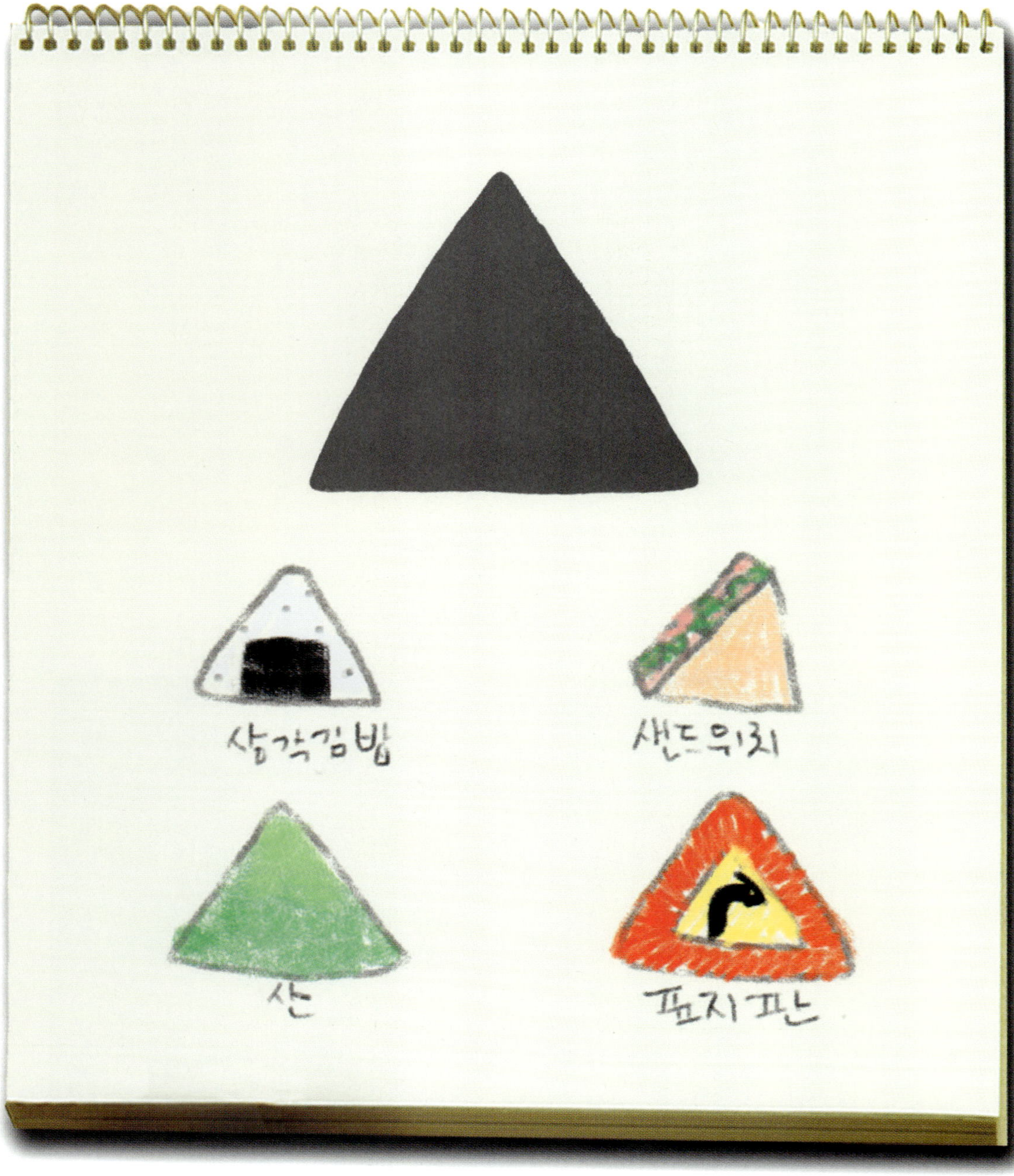

동그라미 모양의 그림자는 무엇의 그림자인지 상상하여 그리고, 이름을 쓰세요.

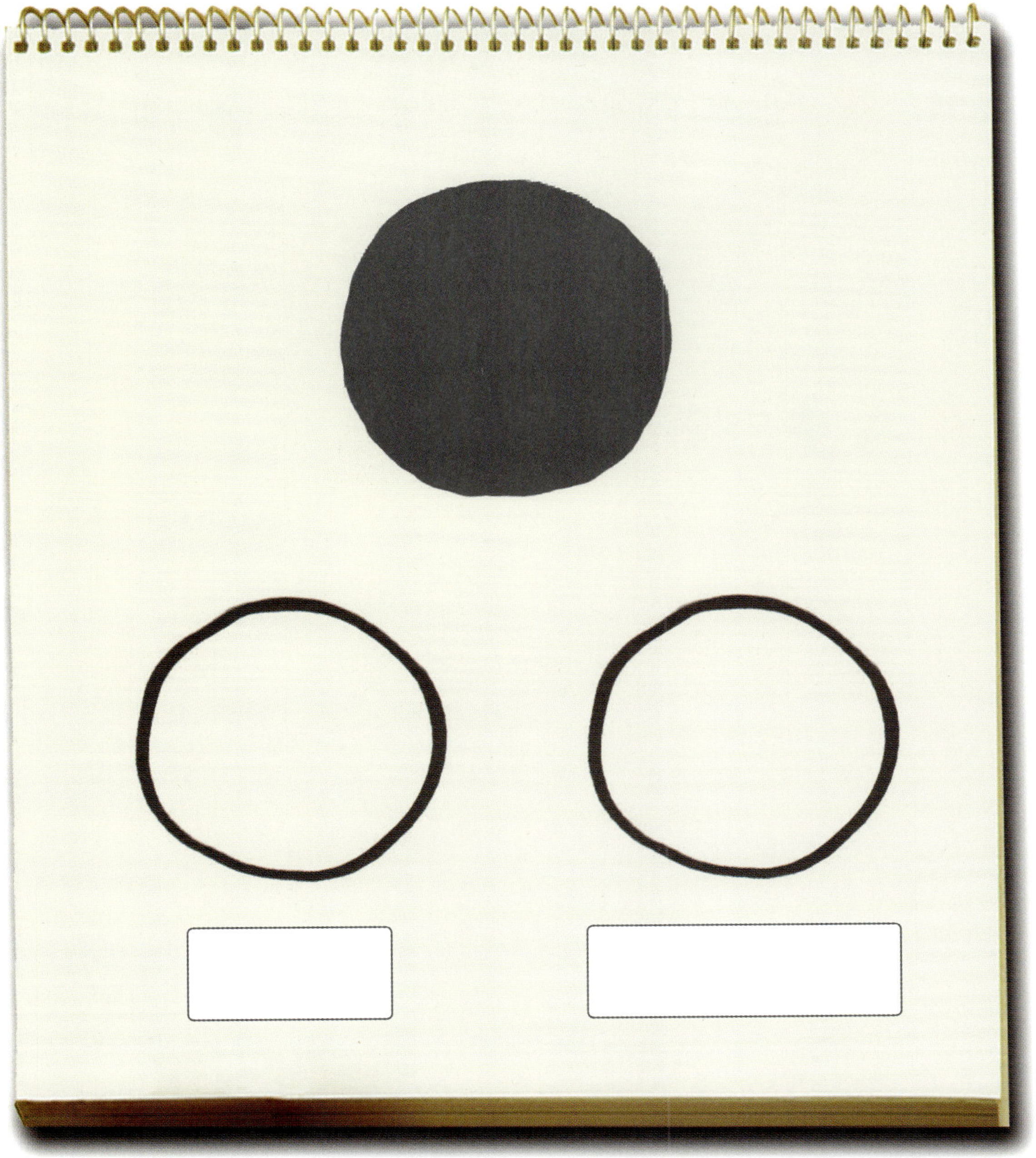

여러 가지 모양

1 ▢, ▲, ● 모양을 그려 보세요.

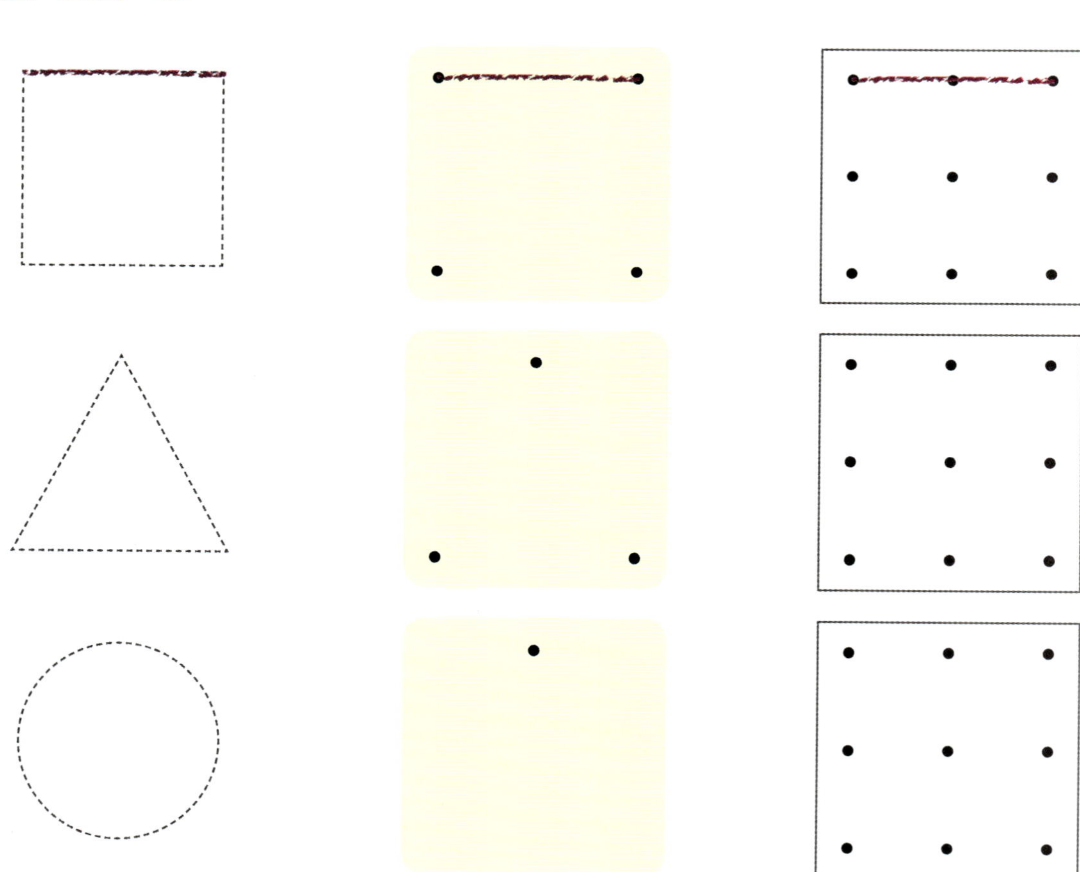

2 ■, ▲, ● 모양을 찾아 □, △, ○표 하세요.

3 우리 주변에서 ■, ▲ 모양을 찾아 써보세요.

그림자 그리기

- 물건의 가장자리를 따라 그리면 그림자의 모양을 알 수 있습니다.
- 물건은 달라도 그림자의 모양은 같을 수 있습니다.

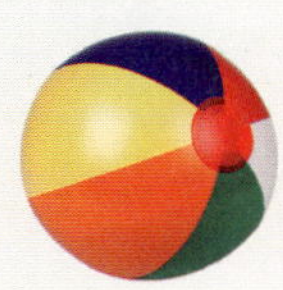    

1 물건의 가장자리를 따라 그려 보세요.

2 물건의 가장자리를 따라 그리고, 그림자의 모양이 다른 하나를 찾아 ✕표 하세요.

3 그림자가 왼쪽과 같은 물건에 ◯표 하세요.

[커튼 뒤 물건]

1 지호는 동생과 함께 커튼 뒤에 숨겨진 물건에 빛을 비추면 어떤 모양의 그림자가 생기는지 알아맞히는 놀이를 하고 있습니다. 물건의 그림자와 같은 모양을 찾아 ◯표 하세요.

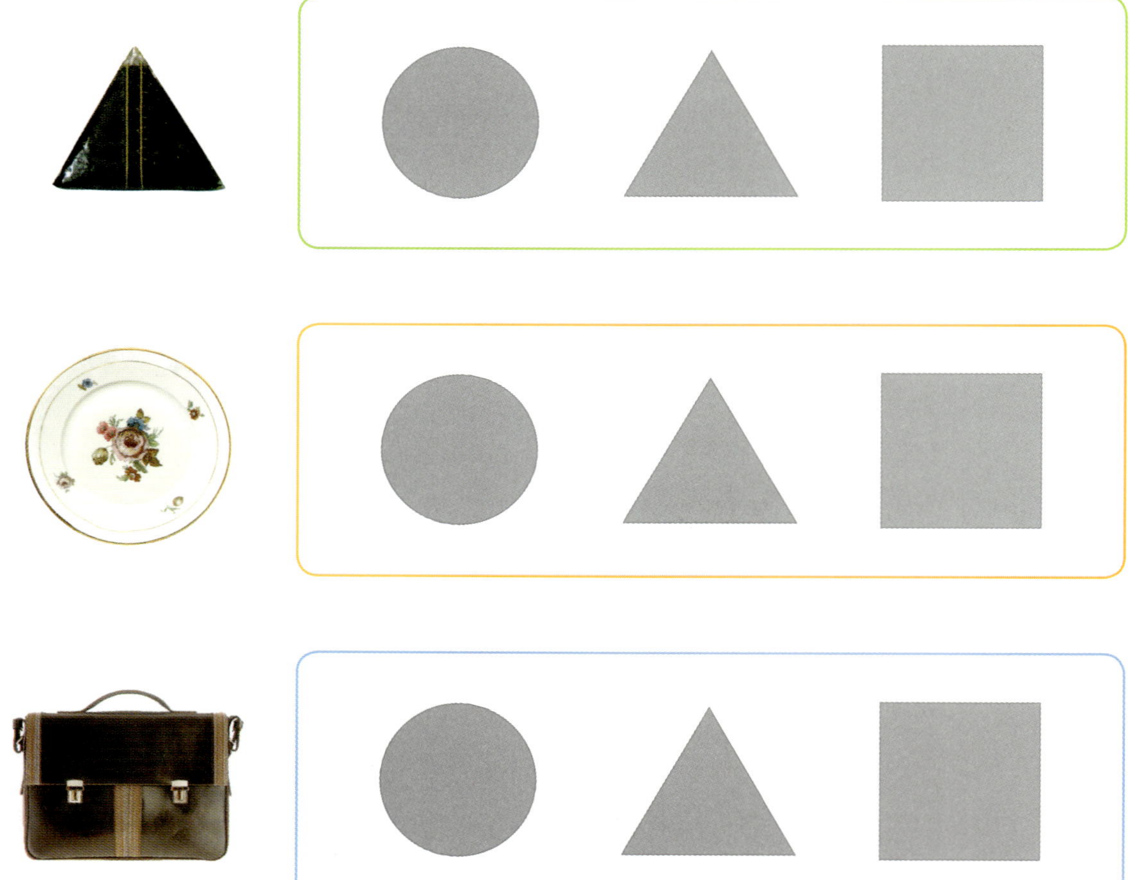

[책상 위 물건]

2 책상 위에 여러 가지 물건들이 있습니다. 책상 위의 물건을 보고 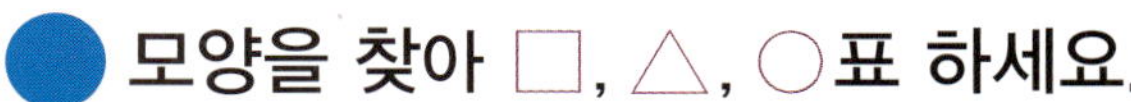, 모양을 찾아 □, △, ○표 하세요.

[그림자 모양]

3 그림자를 보고 물건을 찾으려고 합니다. 그림자의 모양 순서대로 ➡ 또는 ⬇ 방향으로 이동하여 찾게 되는 물건에 ◯표 하세요.

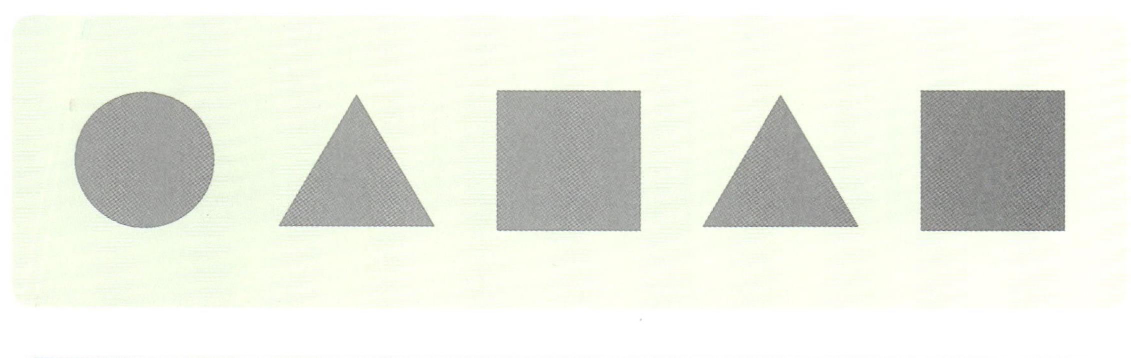

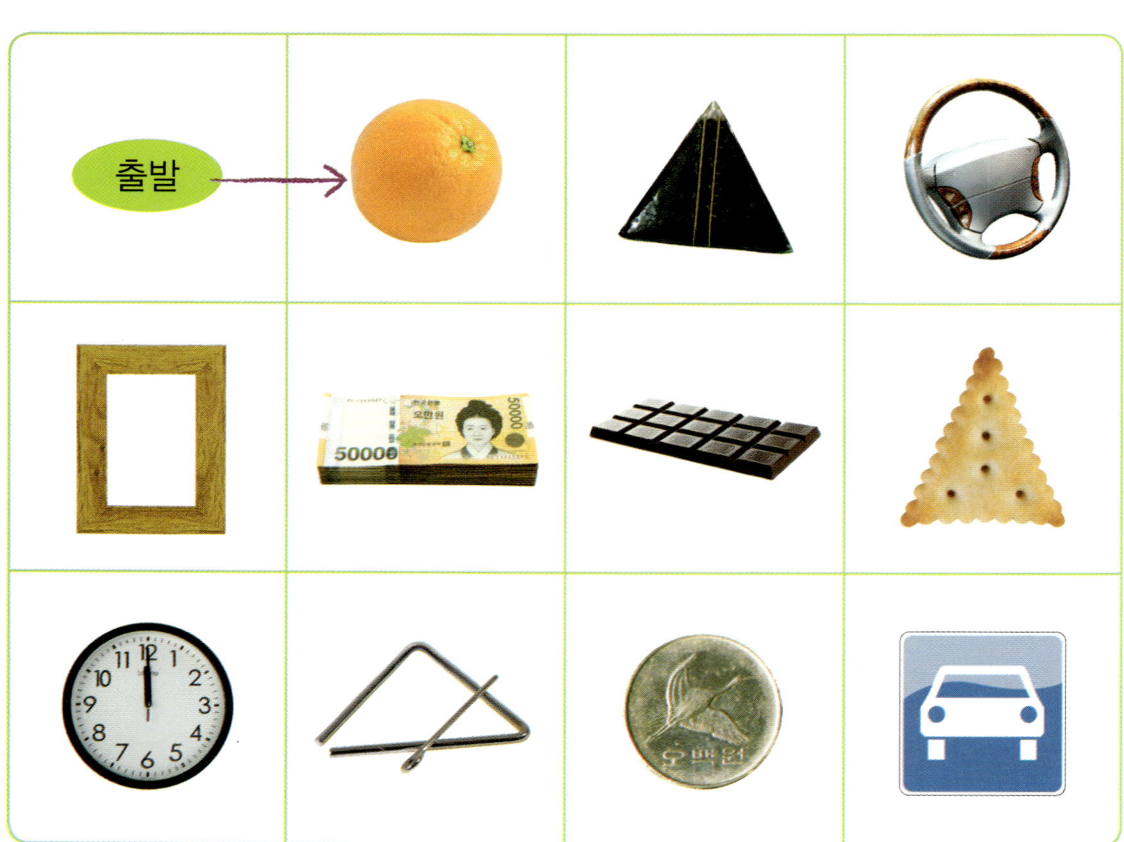

4 다음은 모양 퍼즐입니다. 규칙을 찾아 완성하세요.

지식 백과 구름의 그림자

곧게 나아가는 빛이 물체를 만나면 그림자가 생깁니다. 구름도 그림자가 있을까요? 태양의 빛이 구름을 만나면 땅 위에 그림자를 만듭니다.

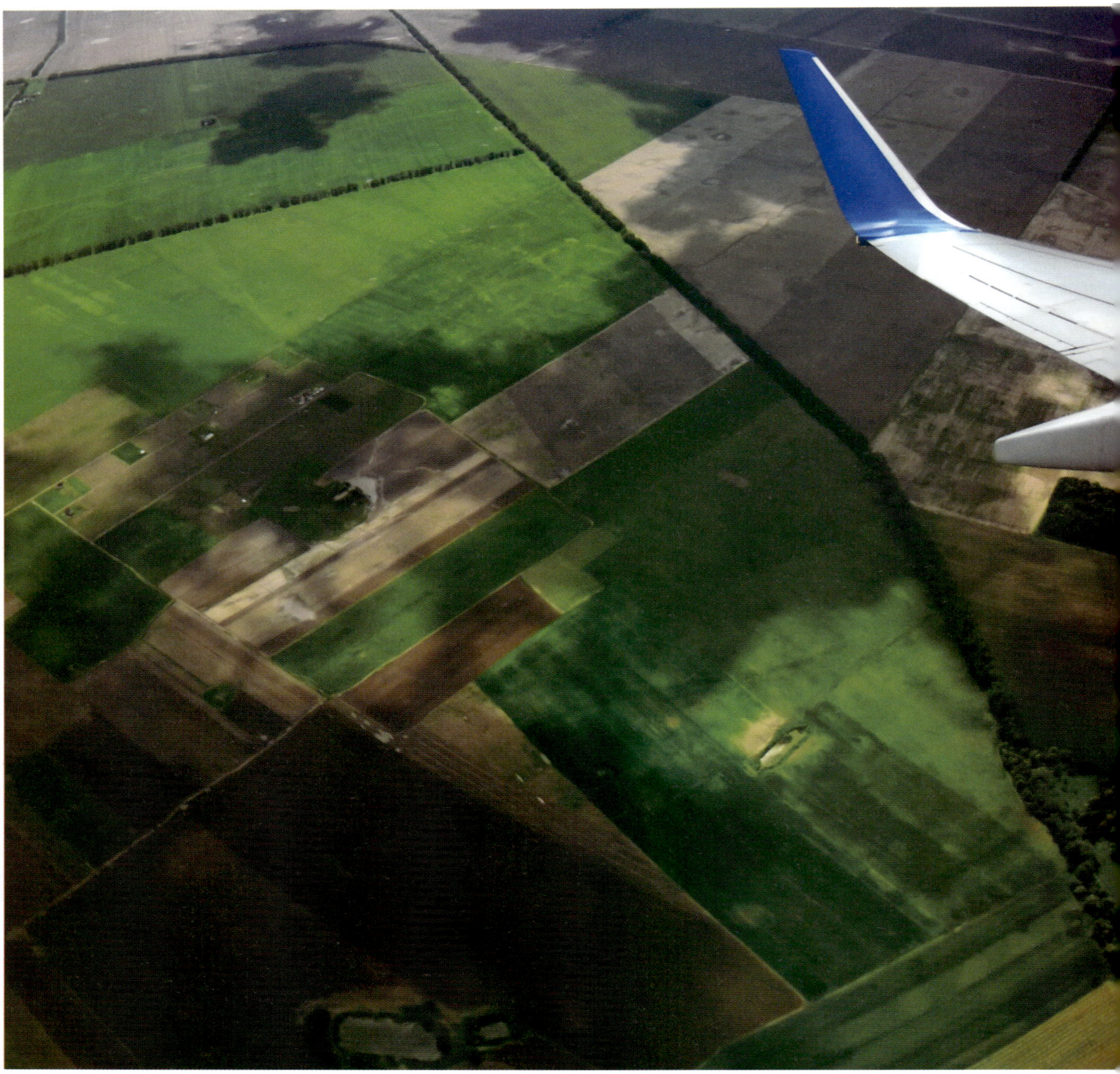

A 안경알, 유리문의 그림자를 본 적이 있나요? 물체에 따라 그림자가 흐리게 보이는 경우가 있습니다. 바로 유리와 같이 눈 앞에 가려도 다 보이는 투명한 물건들입니다. 빛이 잘 통과할수록 그림자는 흐려지고, 반대로 빛이 통과하지 못할수록 그림자는 진해집니다.

그림자 Ⅱ

초대하지 않았어

누가 코끼리를 불렀지?

오늘은 나만의 파티가 열리는 날!
불을 끄는 순간 **그림자 파티**가 시작돼!

자~ 이제 불을 꺼 볼까?!

이제 파티를 함께 할 친구들을 초대해야지!
먼저 두 손을 모으고 **오리 아저씨**를 초대하자!
오리 아저씨 반가워요! 꽥꽥~

파티에는 역시 음악이 필요하지!

꽃병에 꽃을 꽂으면 뽀글뽀글 파마머리의
멋진 지휘자가 나타나 지휘를 할 거야!

끙~끙~ 이렇게 하면!
사슴이 일곱 빛깔 불빛을 밝혀 줄 거야!

멋진 지휘자가 들려주는 아름다운 음악!
그리고 오리 아저씨, 사슴 아가씨와 함께 하는
아주 멋진 파티야!

어라? 근데 코끼리는
누가 부른 거지?
코끼리는 초대하지 않았는데?

손과 불빛만 있으면 다양한 모양의 그림자를 만들어 그림자 놀이를 할 수 있습니다. 손 모양을 바꾸어가며 손 그림자 놀이를 해 볼까요?

깡충깡충
토끼

귀여운
불독

아름다운
백조

직접 그림자를 만들어 보고 어떤 동물인지 이야기해 보세요.

앉아 있는 새

무엇 무엇의 그림자일까요?

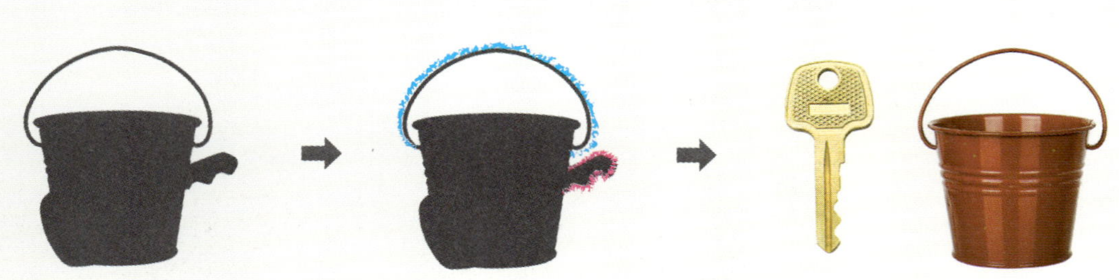

그림자를 보고 물건을 알 수 있습니다.

1. 그림자를 잘 관찰합니다.

2. 겹쳐진 그림자의 특징을 찾습니다.

3. 원래의 물건을 찾습니다.

1 그림자를 만드는 데 필요한 물건에 모두 ◯표 하세요.

2 물건을 모두 사용하여 만든 그림자를 찾아 선으로 이어 보세요.

3 그림자를 만드는 데 필요하지 않은 물건에 모두 ✕표 하세요.

도형을 이용하여 물건의 그림자와 같은 모양을 만들 수 있습니다.

1. 물건을 보고 그림자를 예상합니다.

2. 그림자를 만들기 위해 필요한 모양을 찾습니다.

1　그림자를 만드는 데 필요한 모양을 모두 찾아 ○표 하세요.

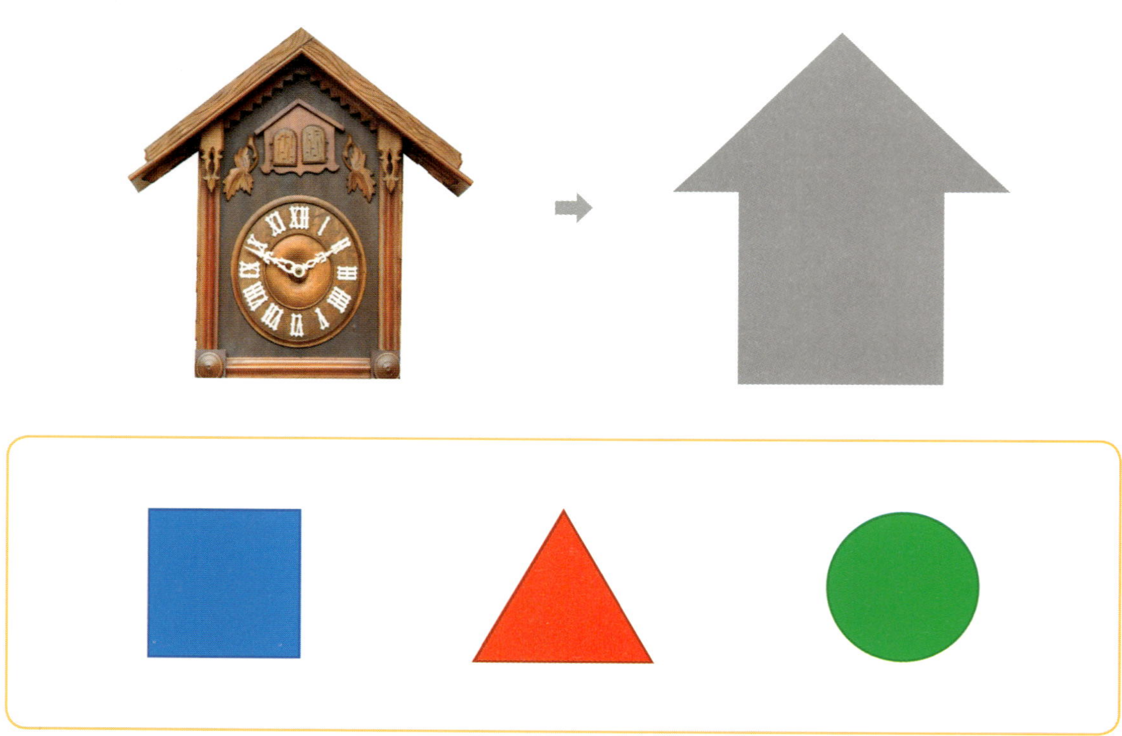

2 관계있는 것끼리 선으로 이어 보세요.

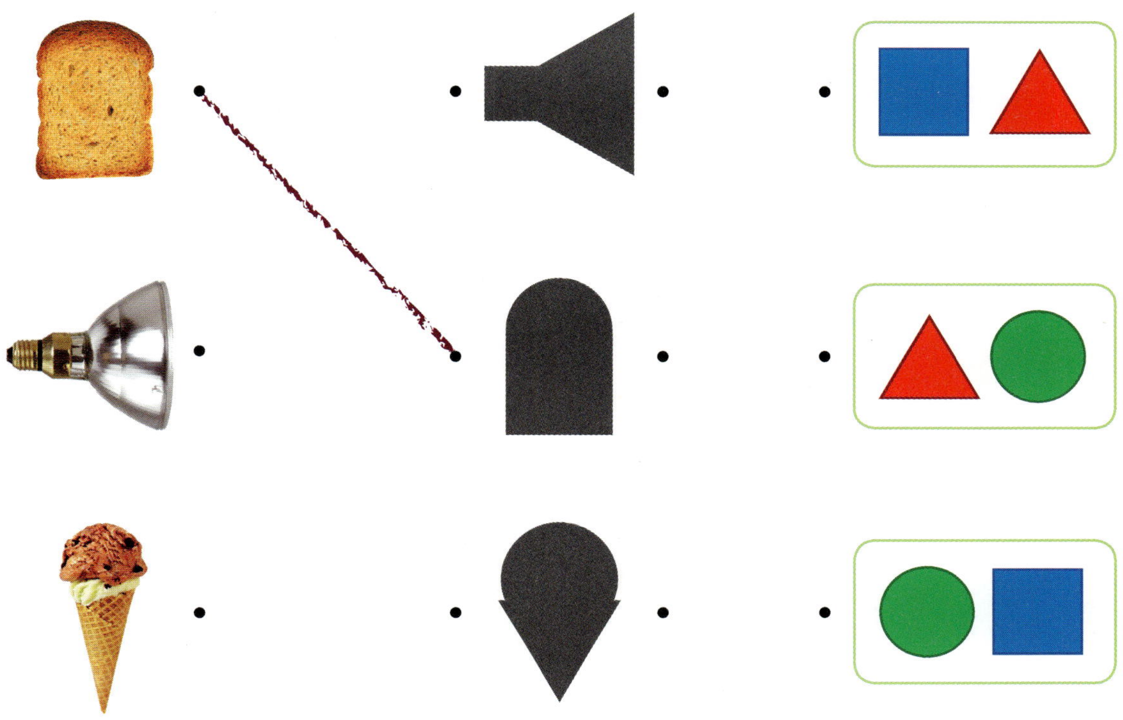

3 그림자 붙임딱지를 이용하여 우리 주변의 물건의 그림자를 만들어 보세요.

[분실물센터]

1 분실물센터에서는 사람들이 잃어버린 물건을 보관하고 있습니다. 그림자를 보고 분실물센터에 없는 물건을 모두 찾아 ✕표 하세요.

2 손 그림자를 이용하여 연극을 하려고 합니다. 손동작을 보고 어떤 동물일지
상상하여 이름을 써보세요.

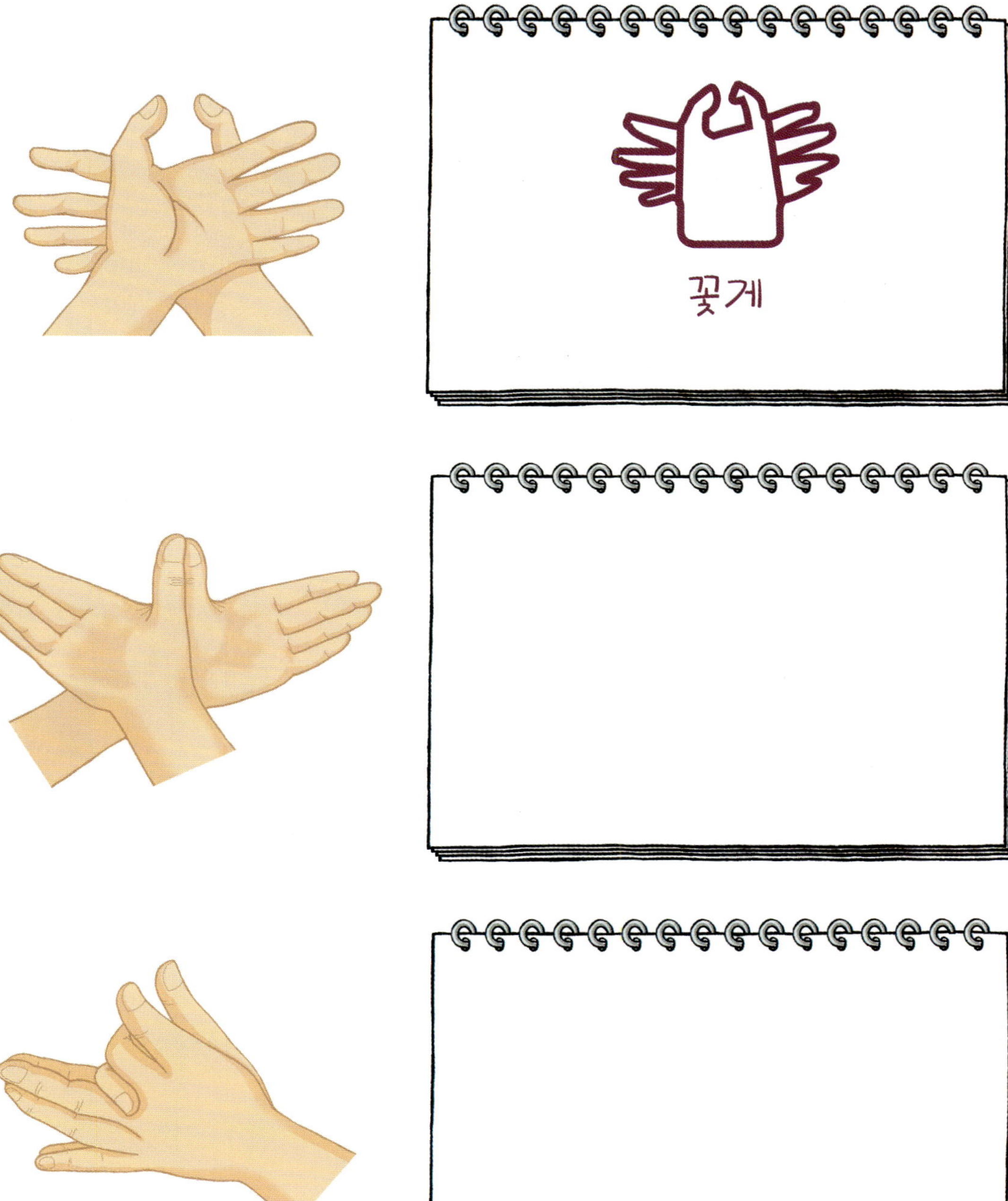

[그림자 모습]

3 그림자를 보고 어떤 모습인지 이야기하고 있습니다. 빈칸에 알맞은 말을 써 넣으세요.

귀여운 남자 아이가 ☐ 을 던지려고 하는 모습이야 .

멋진 아저씨가 ☐ 를 쓰려고 하는 모습이야.

[그림자 파티]

4 그림자 파티에 초대된 사람들이 그림자 무대 위에 차례로 올라가 멋진 포즈를 취하고 있습니다. 두 사람의 그림자에서 ■ 모양과 ▲ 모양은 무엇의 그림자인지 이야기해 보세요.

겹쳐 만든 모양

■ , ▲ , ● 모양을 겹쳐 재미있는 모양을 완성해 봅시다.

게임 방법

❶ 카드와 같은 색 붙임 딱지로 모양을 가득 채웁니다. 단, 붙임 딱지가 남거나 모자라면 안 됩니다.

❷ 모양 위에 그림을 그리고, 그림의 제목을 붙여 봅니다.

놀이판

그림자는 어떤 모양일까요?

네모와 세모가 그림자 놀이를 하고 있습니다. 네모와 세모가 만드는 그림자는 어떤 모양일까요?

그림자의 모양을 예상하여 그려 보세요.

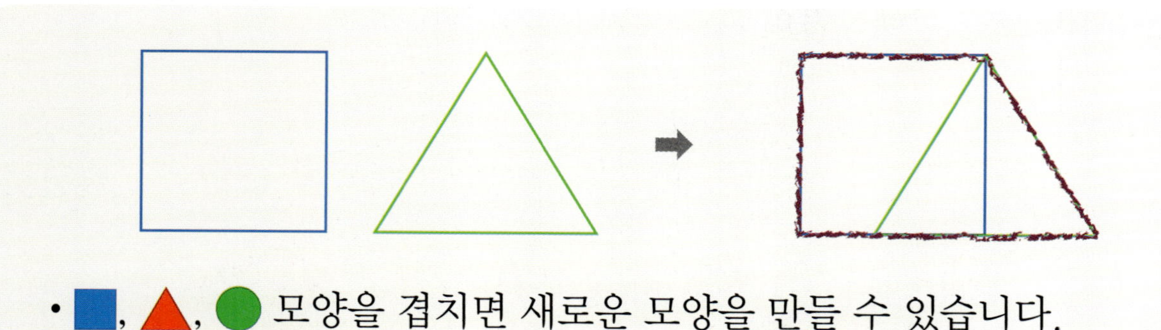

- 🟦, 🔺, 🟢 모양을 겹치면 새로운 모양을 만들 수 있습니다.
- 그림자를 보고 🟦, 🔺, 🟢 모양을 구별할 수 있습니다.

1 그림자가 어느 모양 그림자의 일부인지 ◯표 하세요.

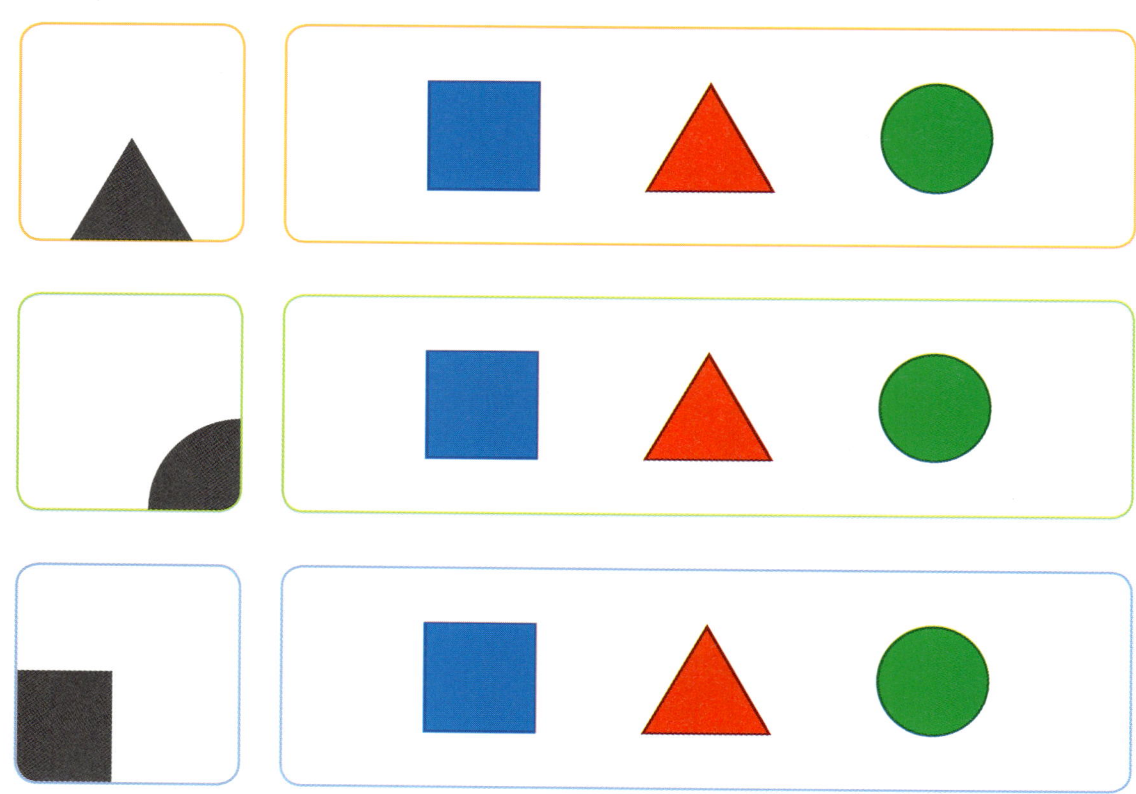

2 그림자를 보고 사용한 모양을 찾아 ◯표 하세요.

3 그림자를 보고 사용하지 않은 모양에 ✕표 하세요.

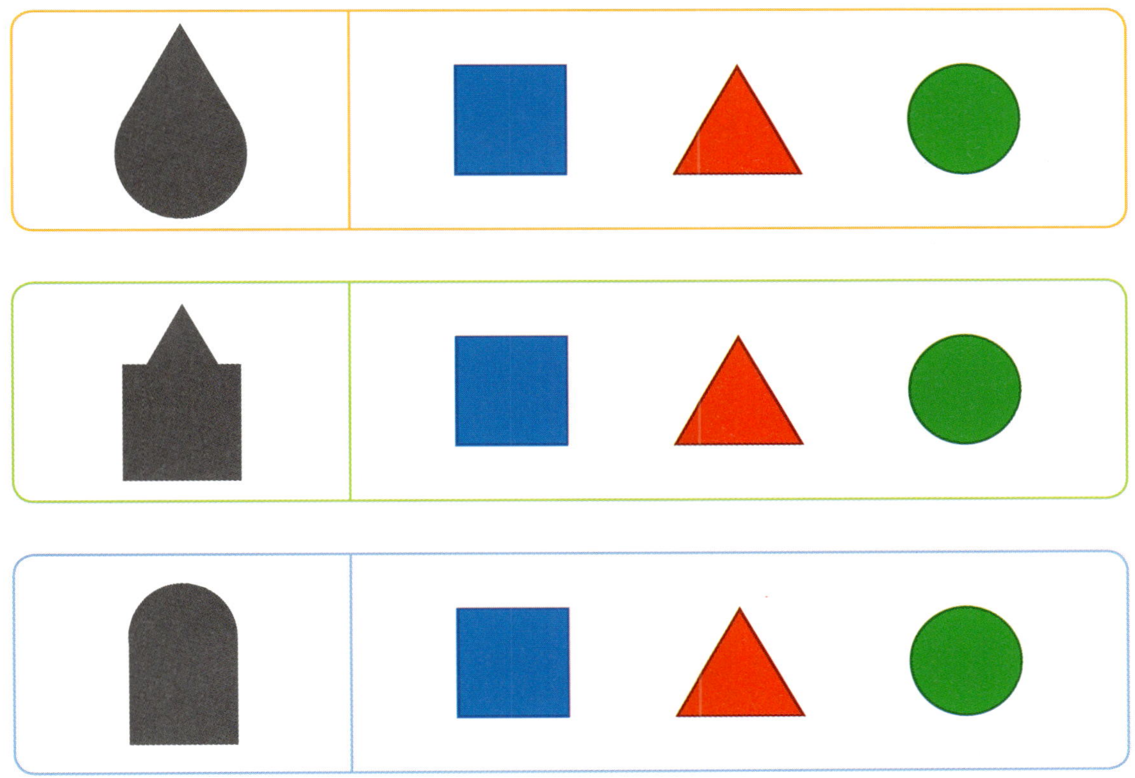

- 같은 모양 두 개를 겹쳐 여러 가지 모양을 만들 수 있습니다.
- 서로 다른 모양 두 개를 겹쳐 여러 가지 모양을 만들 수 있습니다.

1 모양 조각을 이용하여 다음 모양들을 만들어 보세요.　

2  모양 두 개로 만들 수 있는 모양을 모두 찾아 ◯표 하세요.

3 ■와 ● 모양으로 만들 수 없는 모양을 찾아 ✕표 하세요.

[모양 만들기]

1 ⬤ 와 ▢ 모양의 카드로 여러 가지 그림자를 만들었습니다. 어떻게 만들었는지 그림자 위에 붙임 딱지를 붙여 보세요.

붙임 딱지 ⬤, ▢ 모양

[만들 수 없는 모양]

2 크기가 같은 △ 모양 두 개로 모양 만들기 놀이를 하고 있습니다. 만들 수 없는 모양을 찾아 ✕표 하세요.

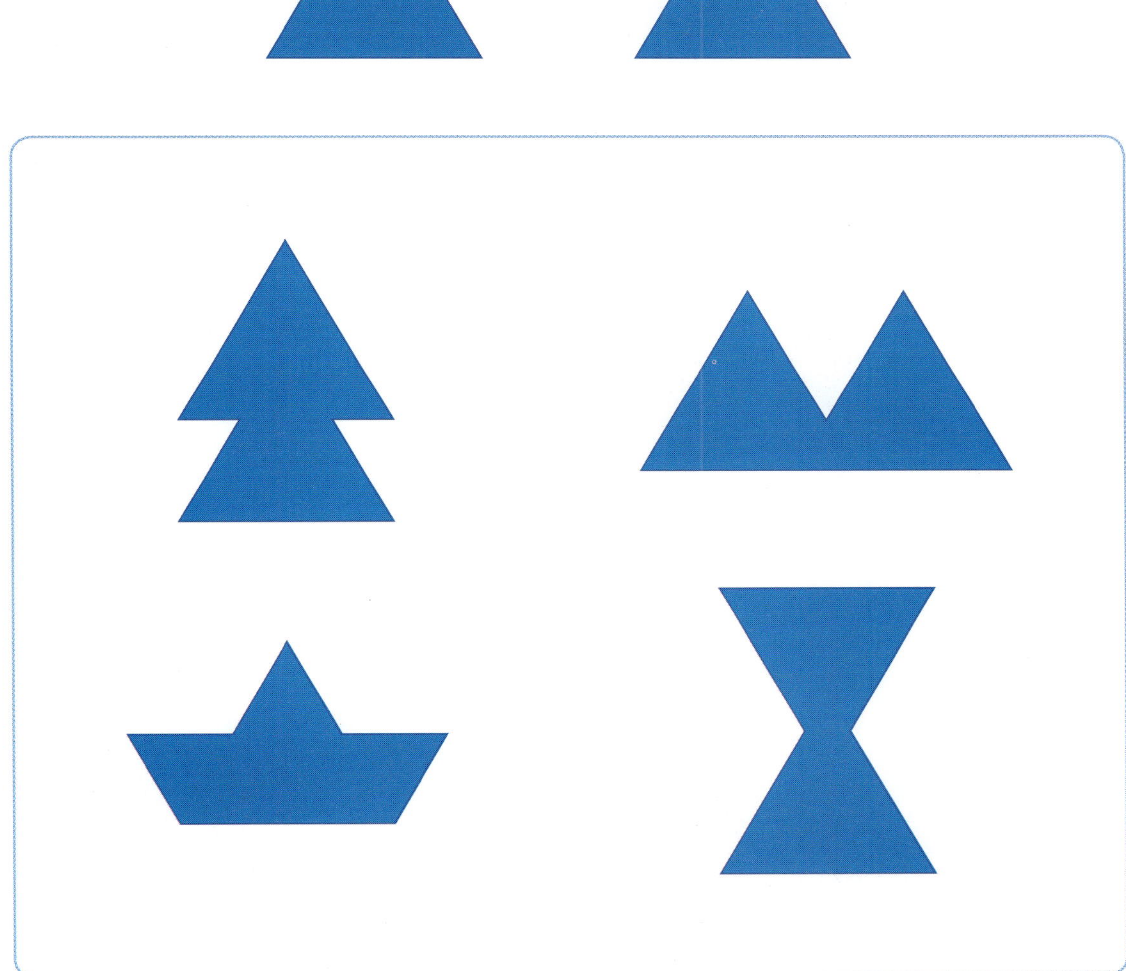

[모양의 개수]

3 한 가지 모양을 겹쳐 만든 그림입니다. 사용한 모양의 개수를 쓰세요.

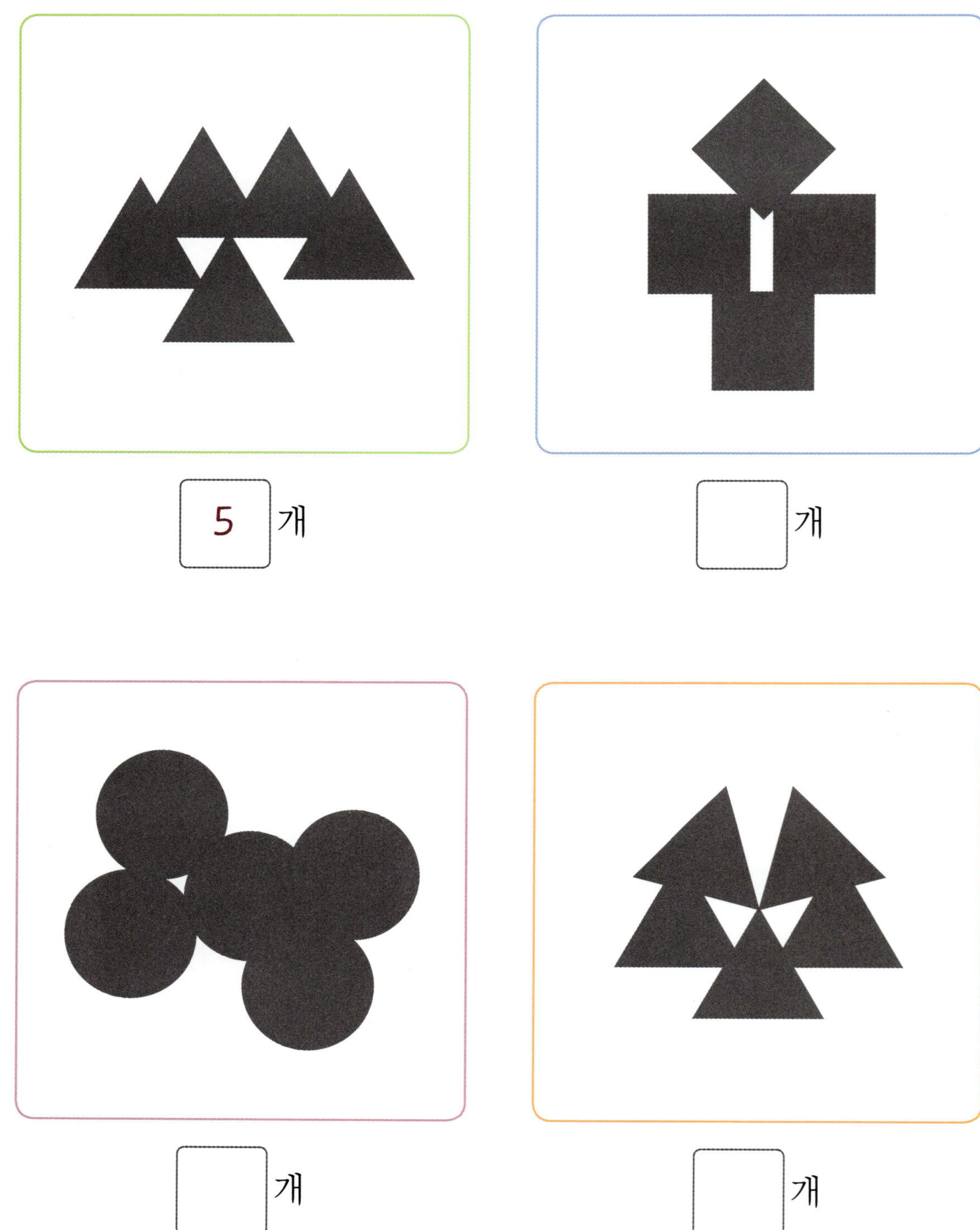

5 개

개

개

개

4 그림을 보고 ■, ▲, ● 중 가장 많이 사용된 모양에 ○표 하세요.

지식 백과 그림자 인형극

동물의 가죽으로 만든 인형의 그림자를 이용한 연극을 피영극이라고 합니다. 인형은 동물 가죽을 재료로 정교한 과정을 거쳐 만들어지며 음악과 노래를 배경으로 표현합니다.

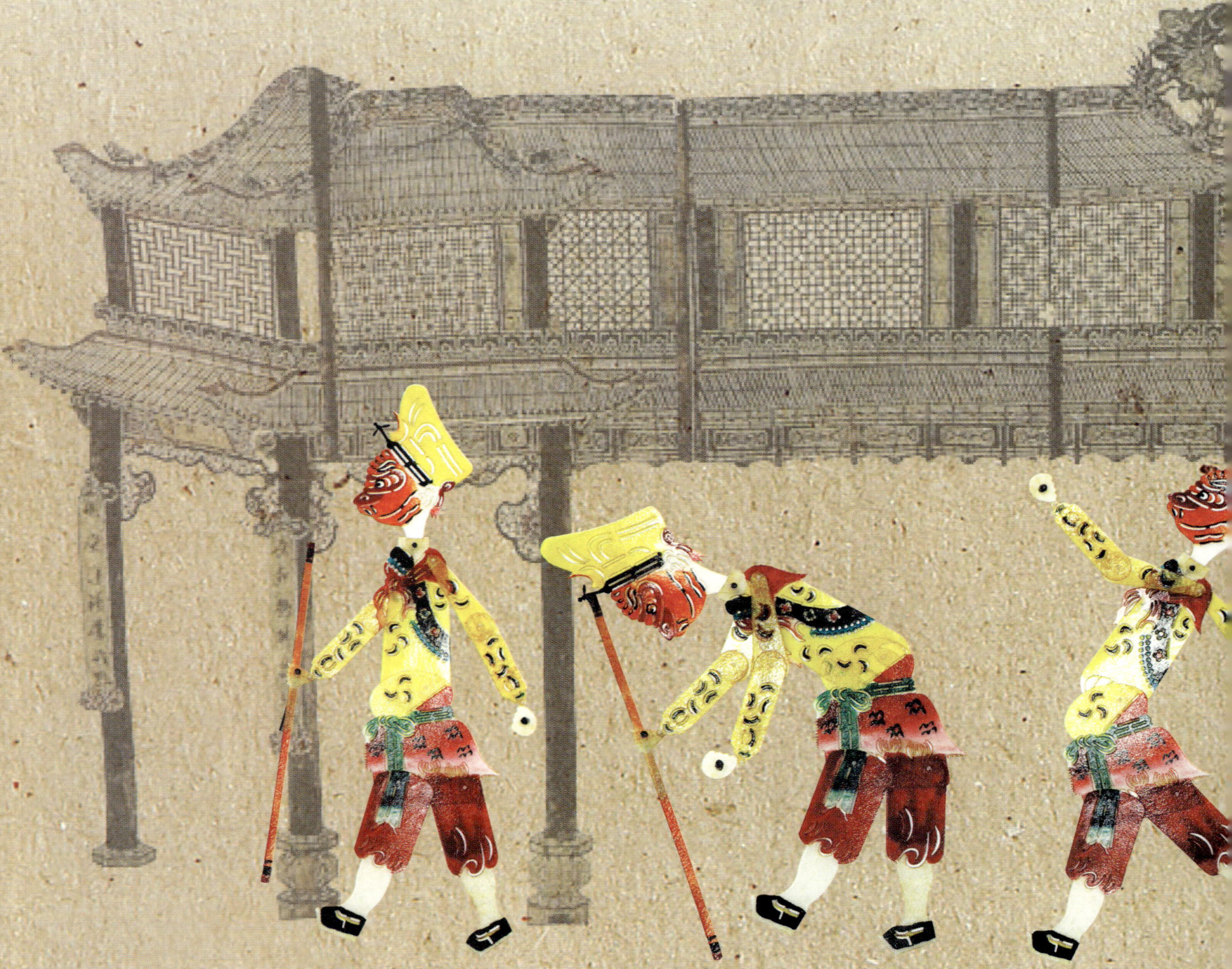

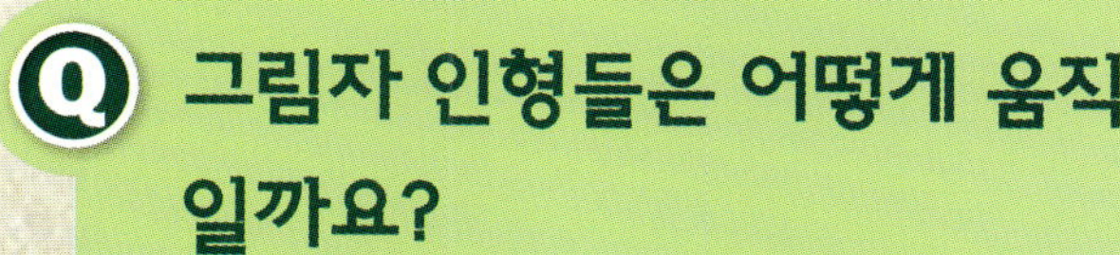

A 그림자 연극은 화면 뒤에서 빛을 비추고 종이나 헝겊 등으로 만든 인형의 그림자를 화면에 드리우면서 이야기를 펼쳐 나가는 인형극입니다.

빛을 내는 기구와 인형, 화면의 위치를 바꾸면 그림자의 크기와 모양, 동작을 바꿀 수 있습니다. 인형의 동작을 바꾸면 그림자도 인형을 따라 움직입니다.

사라진 그림자

우와! 야옹이 그림자가 사라졌다!

우와! 야옹이 그림자가 사라졌다!

나도 야옹이처럼 해 볼래.

그런데, 내 그림자는 사라지지 않네.
왜지?

짜잔!
이제 내 그림자도 사라졌지?

어? 코끼리다!
코끼리는 그림자도 정말 크구나.

코끼리 그림자를 사라지게 하려면
아주 큰 우산이 필요하겠다.

안 되네.
좋은 방법이 없을까?

큰 나무 그림자가 있었구나.
드디어 찾았다!

네모와 세모가 만나면?

네모와 세모가 그림자 놀이를 하고 있습니다. 그림자를 관찰해 볼까요?

그림자의 모양을 예상하여 그려 보세요.

크다, 작다

- 우산은 연잎보다 더 큽니다.

  파라솔은 연잎보다 더 큽니다.

  파라솔은 우산보다 더 큽니다.

- 가장 큰 것은 파라솔입니다. 가장 작은 것은 연잎입니다.

1 더 큰 것에 ◯표 하세요.

2 그림을 보고 더 작은 것에 ◯표 하세요.

3 가장 큰 것에 ◯표 하세요.

- 도형을 겹쳐 크기를 비교할 수 있습니다.

- 두 도형을 겹쳤을 때 남는 부분이 있는 것이 더 큽니다.

- ■ 가 ■ 보다 더 큽니다.

1 더 큰 것에 ○표 하세요.

2 그림을 보고 알맞은 말에 ○표 하세요.

는  보다 더 (큽니다, 작습니다).

 보다 더 (큽니다, 작습니다).

 는  보다 더 (큽니다, 작습니다).

3 작은 것부터 순서대로 ○안에 1, 2, 3을 써보세요.

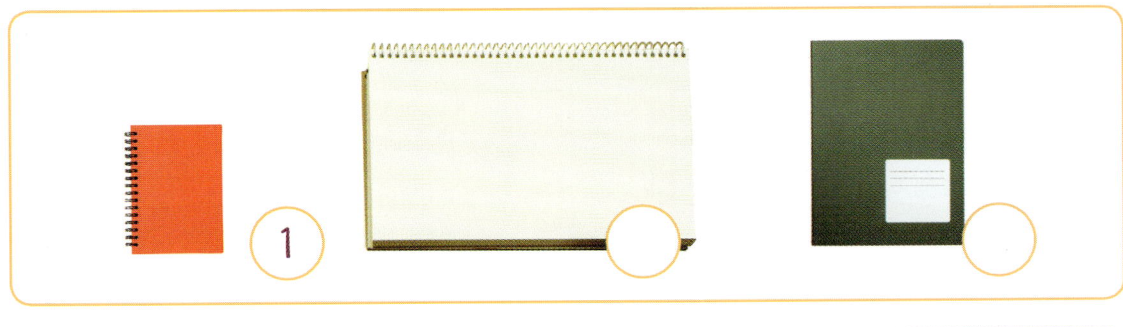

[액자]

1 승기는 가족들과 함께 동물 사진전에 다녀왔습니다. 호랑이 액자보다 더 큰
액자를 모두 찾아 ◯표 하세요.

오랑우탄

기린

독수리

호랑이

코뿔소

다람쥐

[가장 큰, 가장 작은]

2 가장 큰 것에 ○표, 가장 작은 것에 △표 하세요.

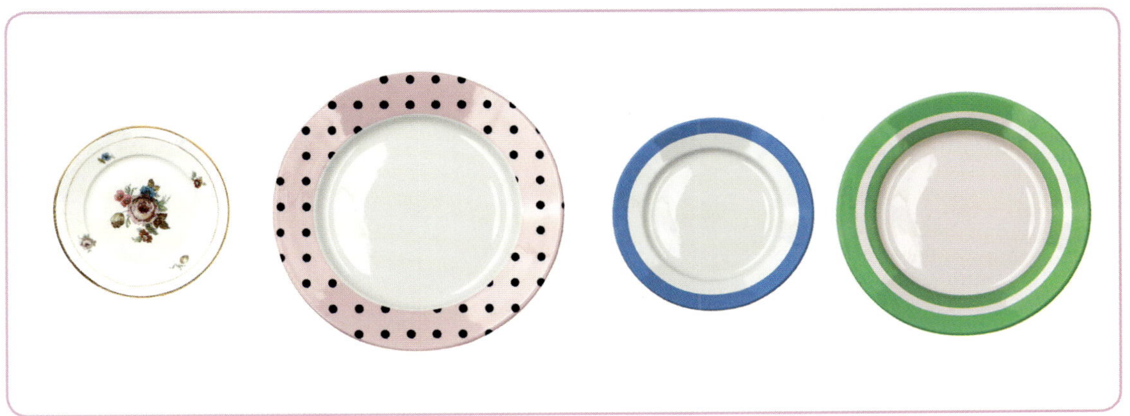

[쇠라, 그랑드 자트 섬의 일요일 오후]

그림은 쇠라(1859~1891)의 〈그랑드 자트 섬의 일요일 오후〉입니다. 강변을 산책하며 쉬고 있는 40여명의 사람들과 애완동물을 그린 그림입니다. 그림을 보고 물음에 답하세요.

쇠라 〈그랑드 자트 섬의 일요일 오후〉

3 그림 속 사람들은 뜨거운 햇볕을 가리기 위해 무엇을 하고 있는지 빈칸에 알맞은 말을 써넣으세요.

머리에 ☐ 를 쓰고, 손에 ☐ 을 들고 있습니다.

4 그림에서 그림자를 찾아 ○표 해 보고, 그림자가 없는 사람이 있다면 왜 그림자가 없는지 이야기해 보세요.

넓이 비교하기

넓이를 비교해 봅시다.

게임 방법

① 뒷면의 색깔이 같은 카드끼리 분류합니다.

② 넓이를 비교하여 가장 넓은 것은 ○표, 가장 좁은 것은 △표 합니다.

③ 넓이를 비교한 방법을 게임판에 기록합니다.

게임판

방법 1 : 눈으로 확인해 봅니다.

방법 2 : 직접 맞대어 봅니다.

나만의 방법 :

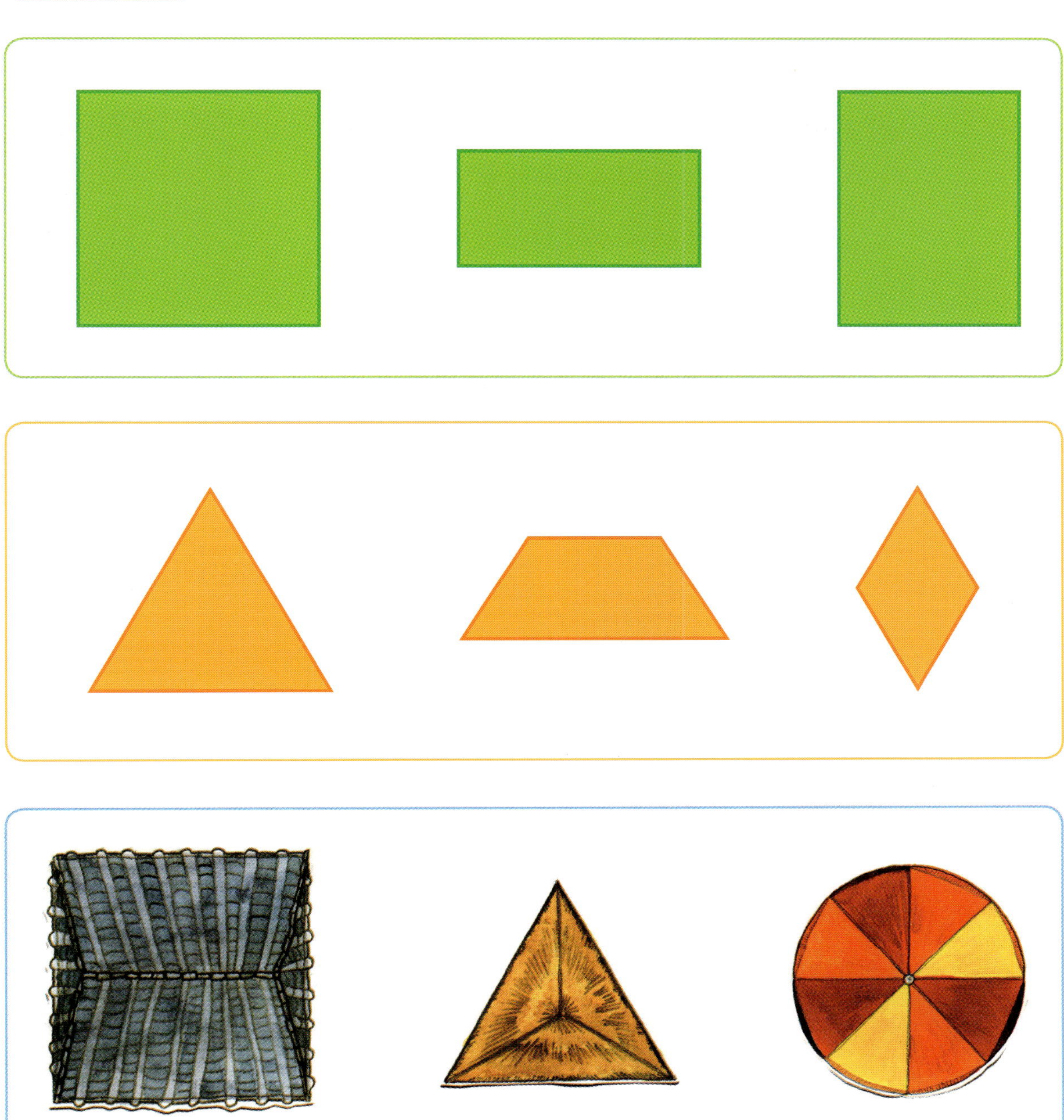

모래 사장에 블록을 쌓았습니다. 블록의 개수에 따라 그림자의 길이도 달랐습니다. 그림자의 길이를 더 길게 만들려면 블록을 어떻게 해야 할까요?

이상한 부분을 찾아 ○표 하고, 이상한 점을 이야기해 보세요.

높이 비교

- 1번 단상이 가장 높습니다.
  3번 단상이 가장 낮습니다.

- 높은 것부터 순서대로 쓰면 1, 2, 3입니다.

1 가장 높은 깃발부터 순서대로 1, 2, 3을 쓰세요.

2 높은 것부터 순서대로 1, 2, 3을 쓰세요.

3 가장 높은 빌딩에 ○표, 가장 낮은 빌딩에 △표 하세요.

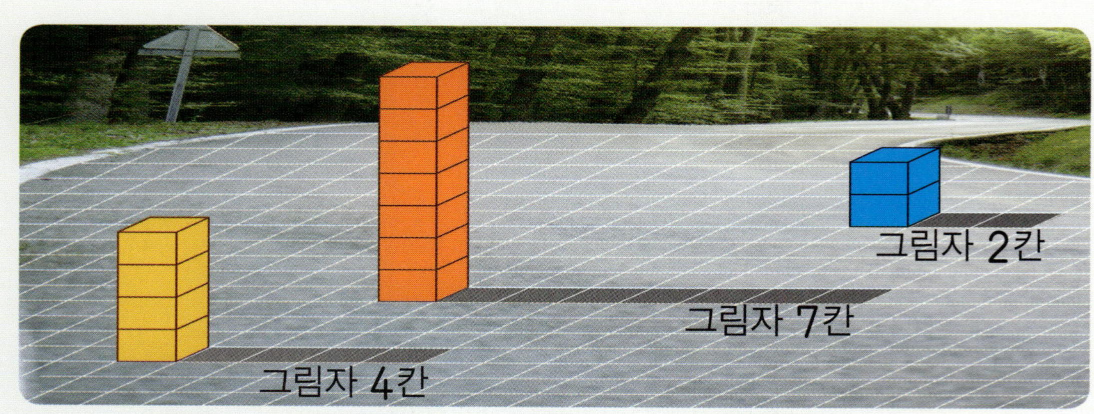

- 블록의 개수를 세어 물체의 높이를 비교할 수 있습니다.
- 같은 시각 그림자의 길이는 물체의 높이에 따라 달라집니다.

1 그림을 보고 알맞은 말에 ◯표 하세요.

숟가락은 국자보다 더 (깁니다, 짧습니다).

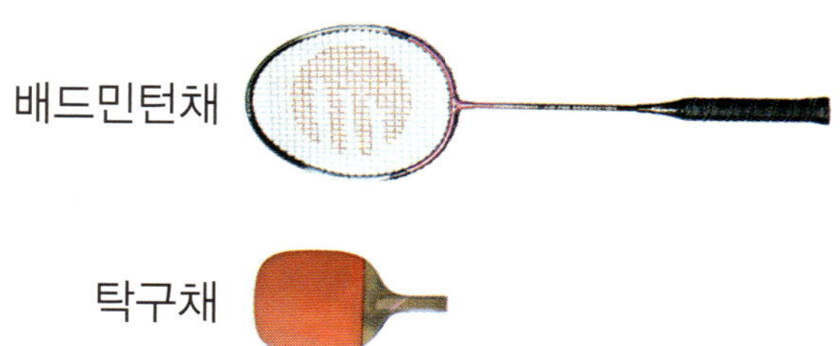

배드민턴채는 탁구채보다 더 (깁니다, 짧습니다).

2 가장 긴 것과 가장 짧은 것의 번호를 각각 쓰세요.

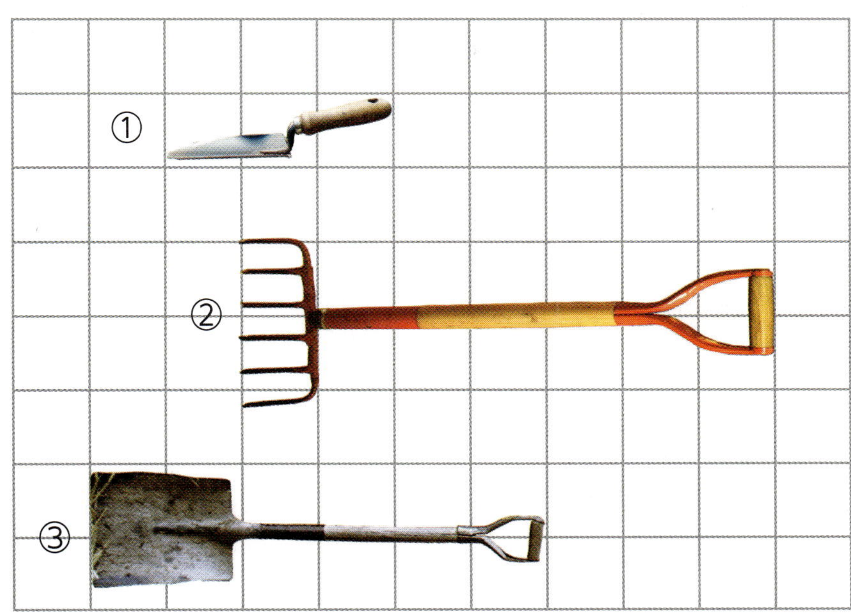

가장 긴 것 : ☐   가장 짧은 것 : ☐

3 가방 안에 있는 물건 중 연필 보다 긴 것을 모두 찾아 쓰세요.

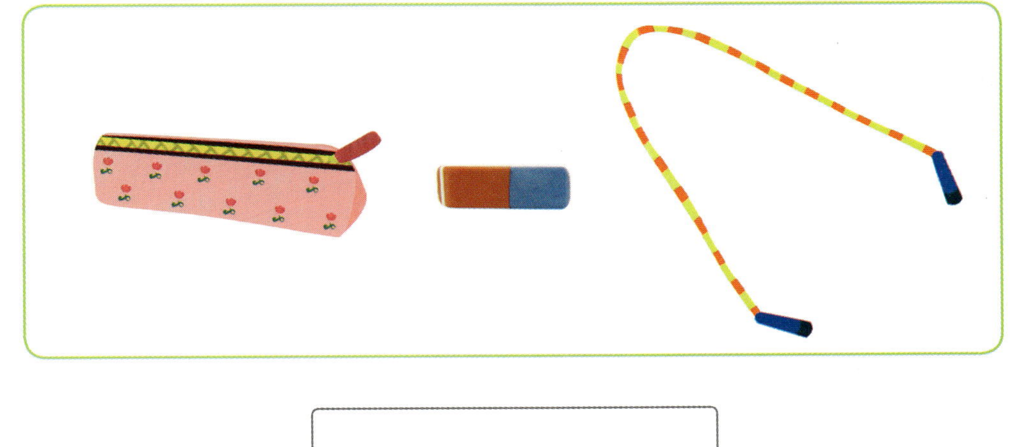

[가장 긴 것, 가장 짧은 것]

1 책상 서랍 속 물건들입니다. 가장 긴 것에는 ◯표, 가장 짧은 것에는 △표 하세요.

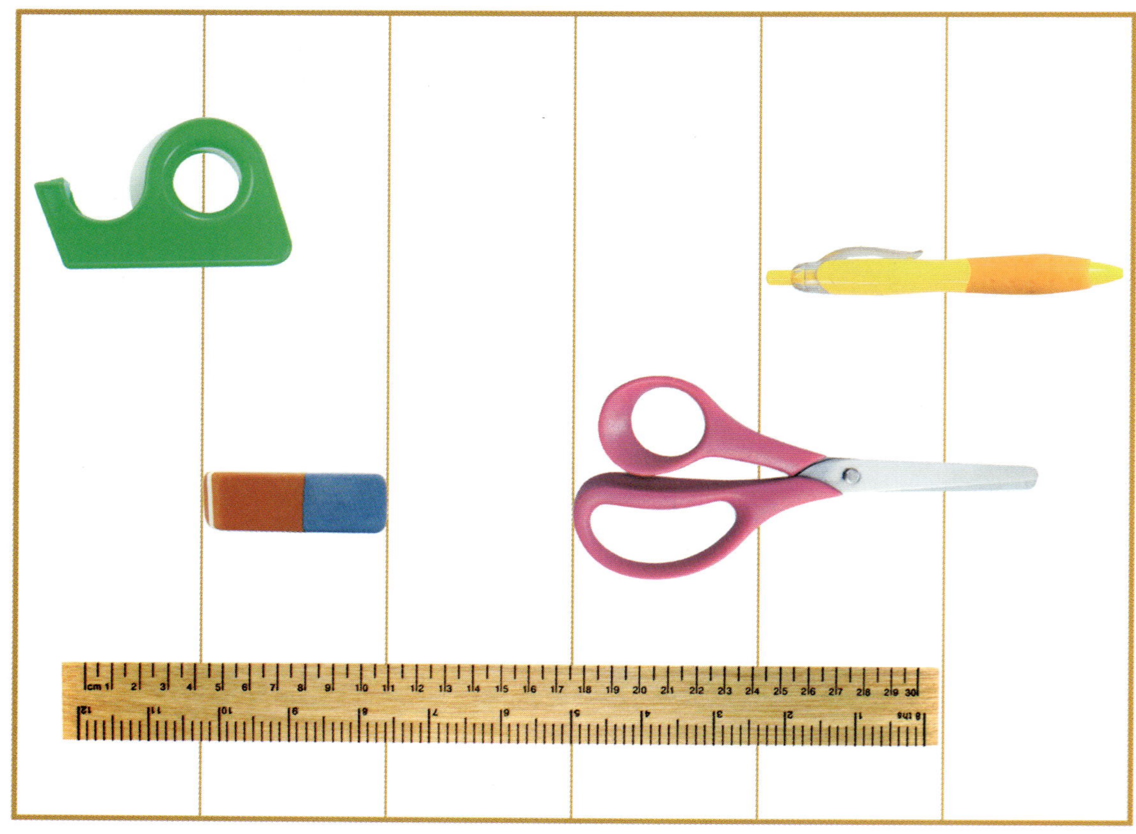

2 진우의 삼촌은 프랑스 여행을 다녀온 후 진우에게 사진을 보여 주셨습니다. 사진에는 루브르 박물관과 로댕 박물관에서 찍은 유명한 조각상들이 있었습니다.

루브르 박물관

로댕 박물관

높이가 가장 높은 조각상에는 ○표, 가장 낮은 조각상에는 △표 하세요.

[나무의 그림자]

3 같은 시각 햇빛에 생긴 나무 막대와 소녀의 그림자의 길이를 보고 나무의 그림자의 길이를 구하세요.

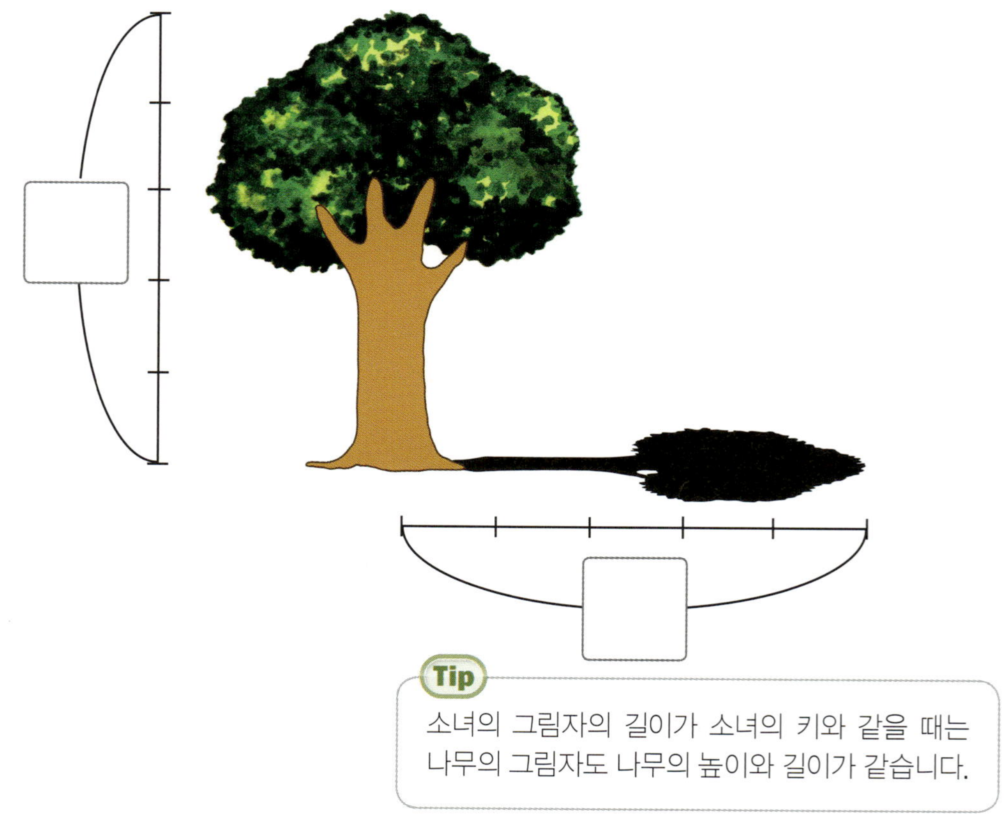

[모래성]

4 바닷게의 화를 풀어줄 방법을 이야기해 보세요.

작은 삽으로 모래를 파야지!
슥삭슥삭!

야옹아,
넌 모래성이 무너지지
않게 잘 두드려줘.

크고 멋진 모래성에는
깃발을 꽂아야지!
그런데, 바닷게가 몹시 화가 났네.
왜 그러지?

아, 깃발 그림자 때문에
바닷게의 집에 햇볕이 안 들어온대.

애써서 만든 모래성을
무너뜨리지 않고,
바닷게의 화를 풀어줄
방법이 없을까?

우산을 쓴 여인들

그림 속 여인들이 들고 있는 것은 우산이 아니라 양산입니다. 햇볕이 너무 뜨거울 때 이렇게 양산을 쓰면 그림자가 생겨서 시원해집니다.

양산 쓴 여인
(모네, 1886년)

파라솔
(고야, 1777년)

양산을 쓴 리즈
(르누아르, 1867년)

Q 빛을 가리는 방법은 무엇이 있을까요?

A 빛은 우리 생활에 꼭 필요하지만 가려야 할 때도 있습니다. 어떤 경우에 빛을 가릴까요?

빛을 가리는 이유는 다양합니다. 강한 빛으로부터 눈이나 피부를 보호하거나 온도가 높아지는 것을 막기 위한 경우가 있습니다. 그 외에도 약품이나 음료의 성질이 변하지 않게 빛을 차단하기도 합니다.

빛을 가리는 방법에는 모자, 암막 커튼과 같이 빛을 완전히 차단하는 방법과 색깔이 진한 유리, 색안경, 갈색 유리병과 같이 빛의 일부만을 가리는 방법이 있습니다.

깜짝 놀랐잖아

살금살금 다가가서 깜짝 놀라게 해 주자!
다들 소리내지 말고 조심조심!

으악!
무서운 호랑이가 나타났다!!

무서운 호랑이가 아니라
야옹이 너였구나!!
휴~ 깜짝 놀랐네.

앗!
이번엔 부리가
날카로운 독수리다!!

에이! 또 속았네!
독수리가 아니라
작은 새였잖아!

에잇!
이제 두 번 다시는
속지 않겠어!

으악!
위험해! 이번엔 공룡이야!!!

아! 또 속았네!
도마뱀아, 깜짝 놀랐잖아!

그림자 크기가 똑같네요?

크기가 다른 두 네모의 그림자의 크기가 똑같습니다. 왜 그럴까요?

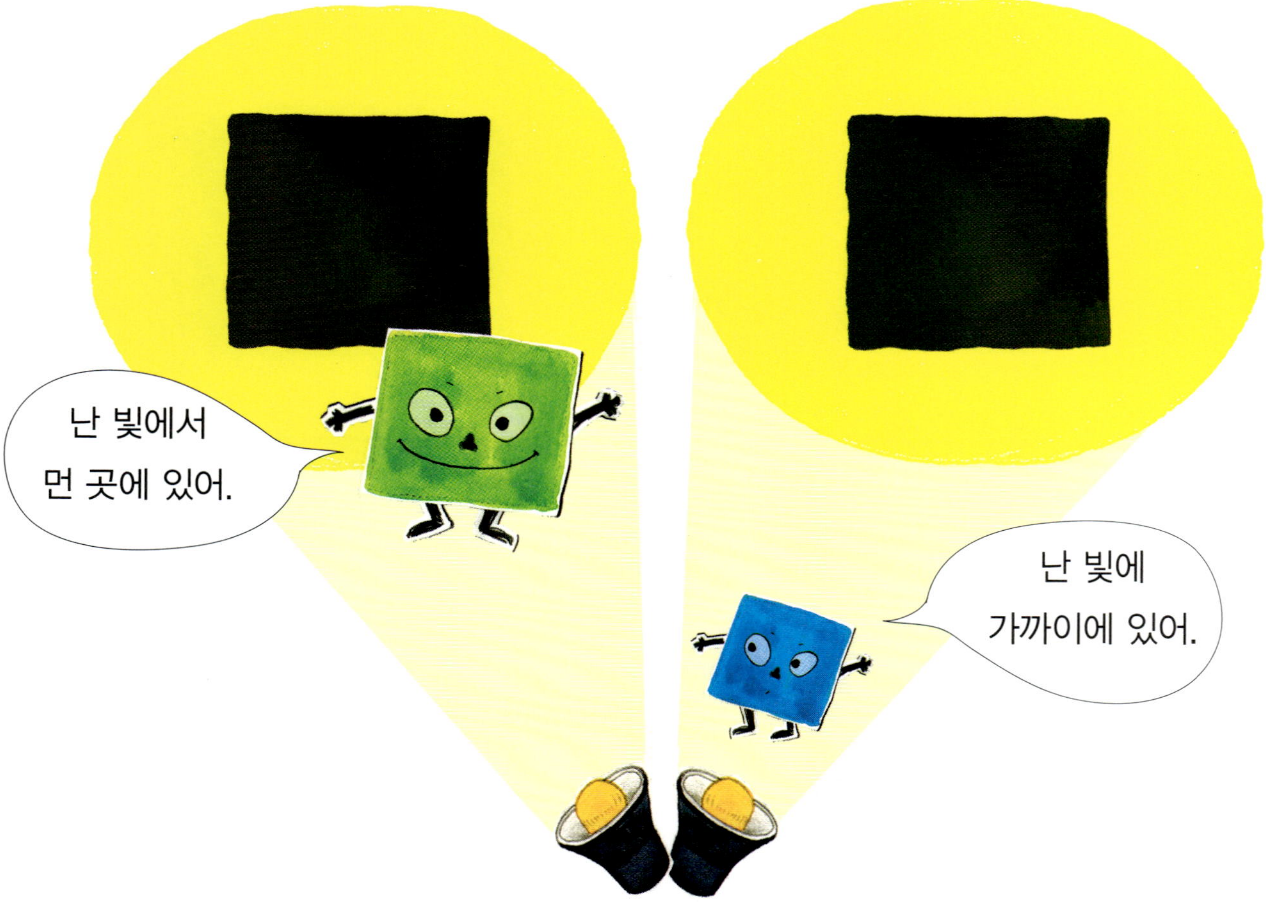

그림자의 모양과 크기를 예상하여 그려 보세요.

닮았다, 닮지 않았다

아기 호랑이　　　　엄마 호랑이　　　　올챙이　　　　개구리

- 아기 호랑이와 엄마 호랑이는 닮았습니다.
- 올챙이와 개구리는 닮지 않았습니다.

1 알맞은 말에 ◯표 하세요.

2 닮은 것을 찾아 ◯표 하세요.

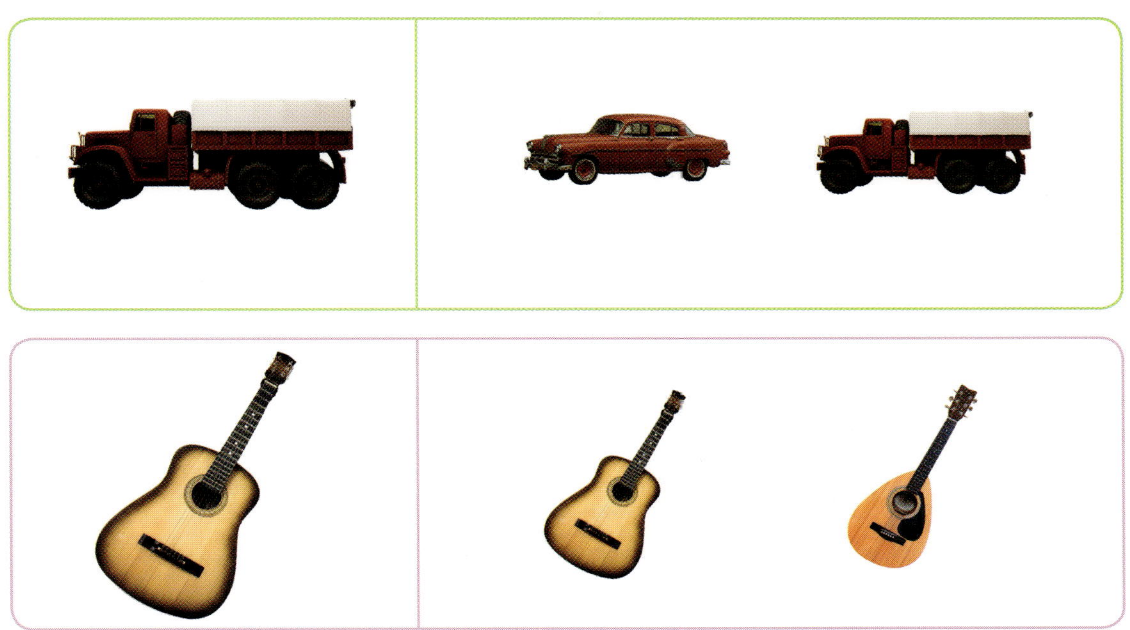

3 닮은 것끼리 선으로 이어 보세요.

- 모양이 같은 것을 닮았다라고 합니다.
- 크기와 색깔은 달라도 모양이 같으면 닮았다라고 합니다.

1 닮지 않은 것에 ╳표 하세요.

2 닮은 것에 ◯표 하세요.

3 우리 주변에서 ■ 모양과 닮은 모양을 찾아 보세요.

[어미와 새끼]

1 동물과 곤충을 보면 어미와 새끼가 닮은 것도 있고, 닮지 않은 것도 있습니다. 알맞은 말에 ○표 하세요.

(닮았습니다 , 닮지 않았습니다).

(닮았습니다 , 닮지 않았습니다).

(닮았습니다 , 닮지 않았습니다).

2 스케치북에 찍힌 발자국의 주인을 찾으려고 합니다. 발자국의 주인을 찾아 ◯표 하세요.

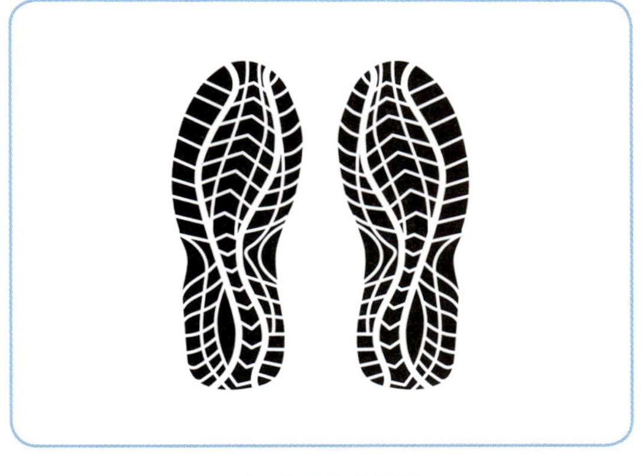

아빠 등산화

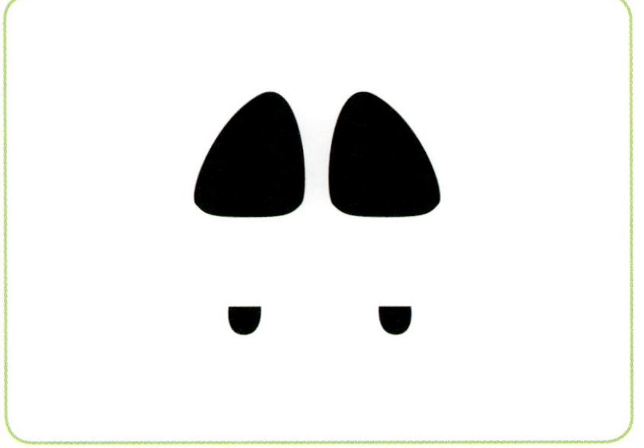

엄마 구두

동생 장화

내 축구화

[닮지 않은 모양]

3 닮지 않은 것에 ✕표 하세요.

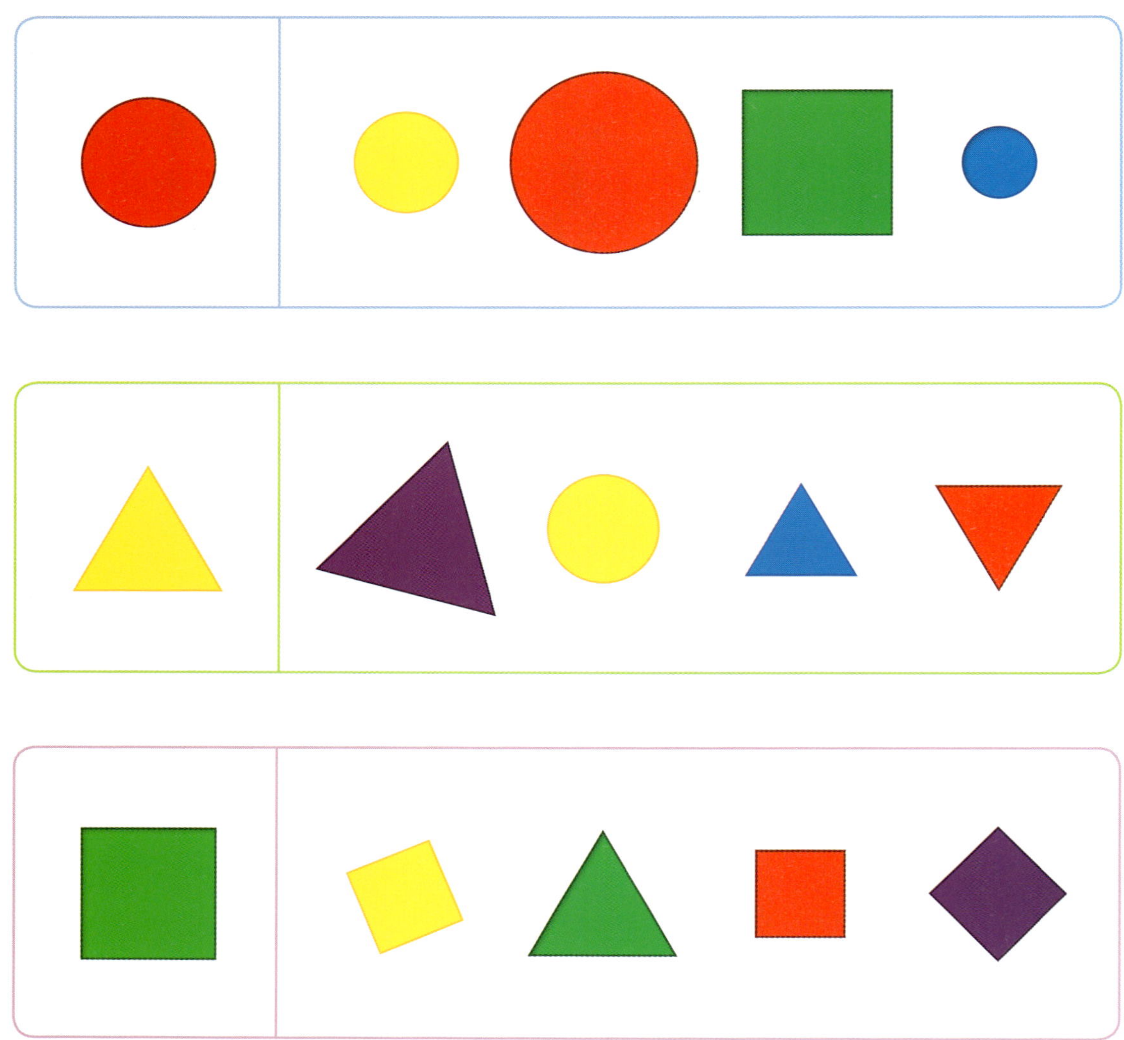

[닮은 모양]

4 은유가 그린 모양입니다. 닮은 모양을 모두 찾아 ○표 하세요.

커졌다, 작아졌다

어느 위치에서 그림자가 커지는지 알아봅시다.

 준비물 오리 전개도, 손전등　　 붙임 딱지 오리

게임 방법

❶ 오리 전개도를 조립합니다.

❷ 손전등 앞에 오리의 위치를 옮겨 가며 그림자를 관찰합니다.

❸ **놀이판** 의 그림자를 보고, 오리의 위치로 알맞은 곳에 붙임 딱지를 붙입니다.

생각 열기

동물 가면을 만들어요.

동물 가면을 만들어 연극을 하려고 합니다. 작은 동물 그림을 크게 만드는 방법은 무엇일까요?

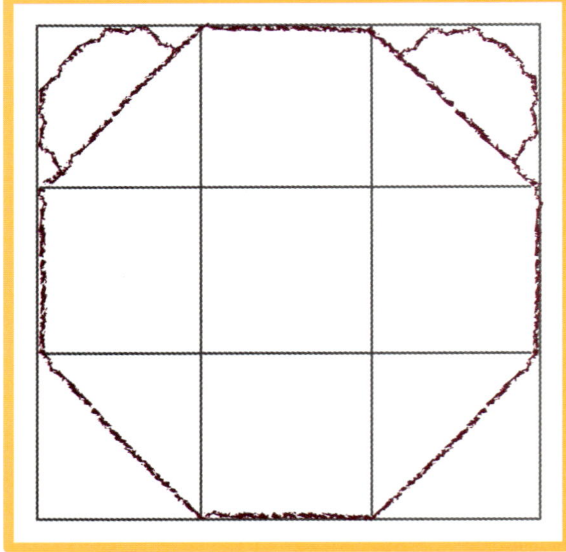

큰 네모 칸에 곰의 얼굴을 옮겨 그려 보세요.

닮은 모양 그리기

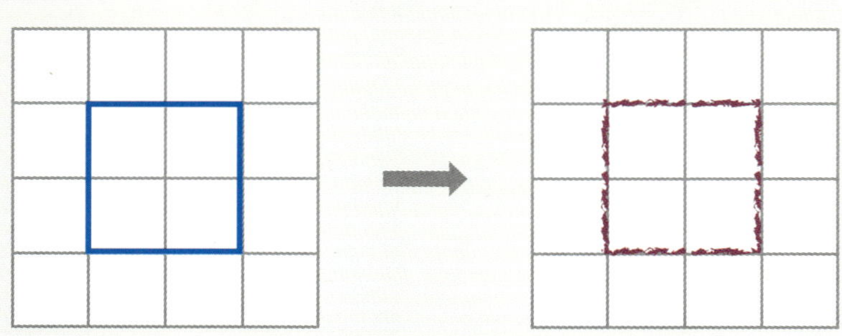

1. 모양을 잘 관찰합니다.

2. 모눈 칸의 개수를 세어 똑같이 그립니다.

➡ 오른쪽으로 2칸! 아래로 2칸!

1 닮은 모양이 되도록 그림을 완성하세요.

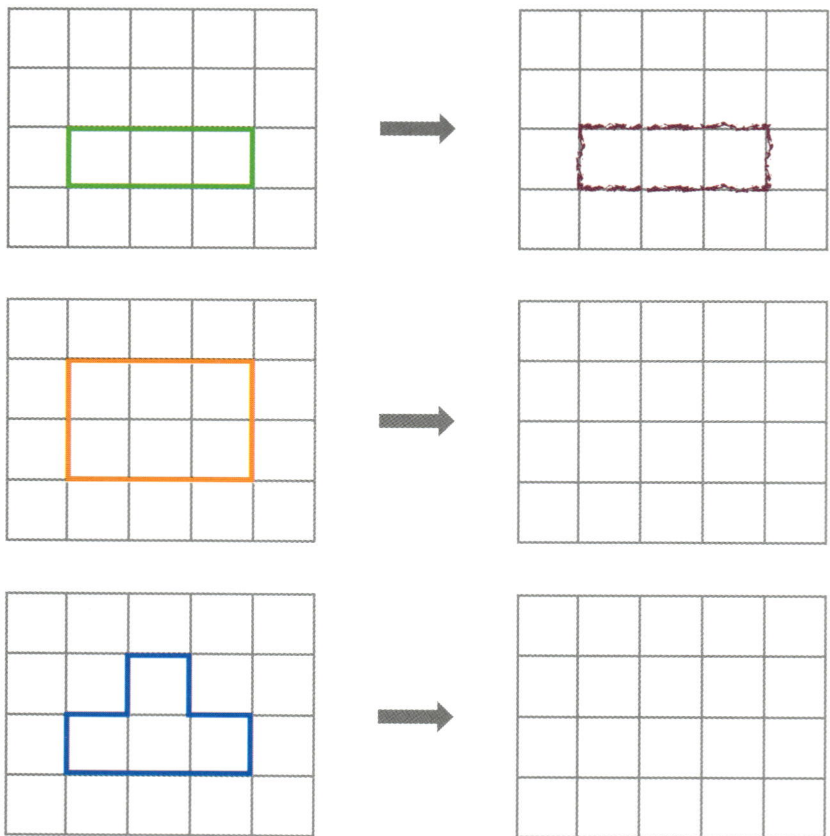

2 닮은 모양이 되도록 그림을 완성하세요.

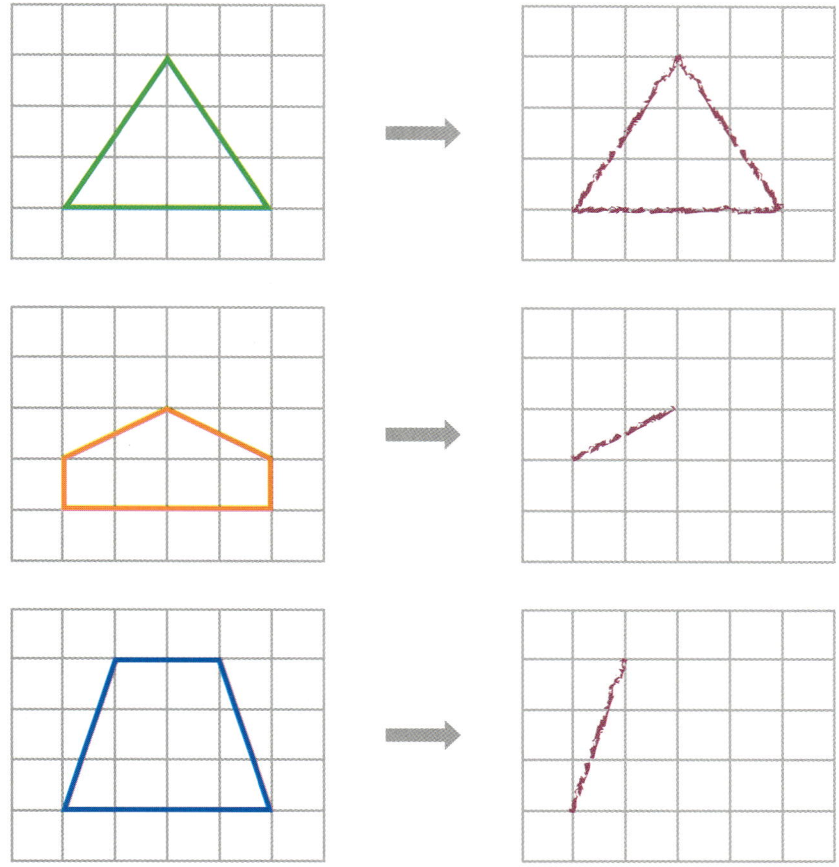

3 닮은 모양이 되도록 그림을 완성하세요.

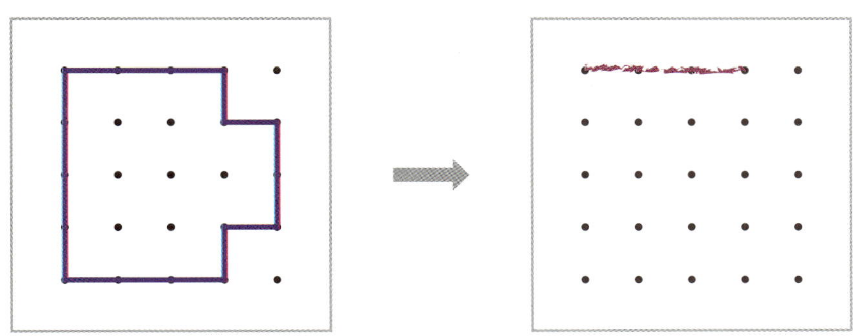

작게, 크게

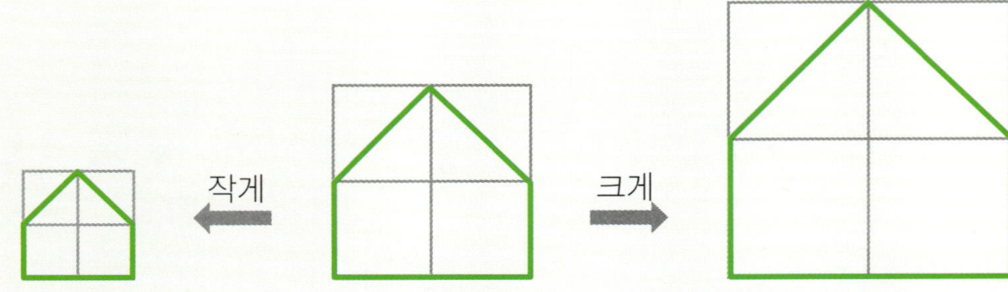

- 칸의 크기를 작게 하면 크기가 작은 닮은 모양을 그릴 수 있습니다.

- 칸의 크기를 크게 하면 크기가 큰 닮은 모양을 그릴 수 있습니다.

1 알맞은 크기의 닮은 도형을 그려 보세요.

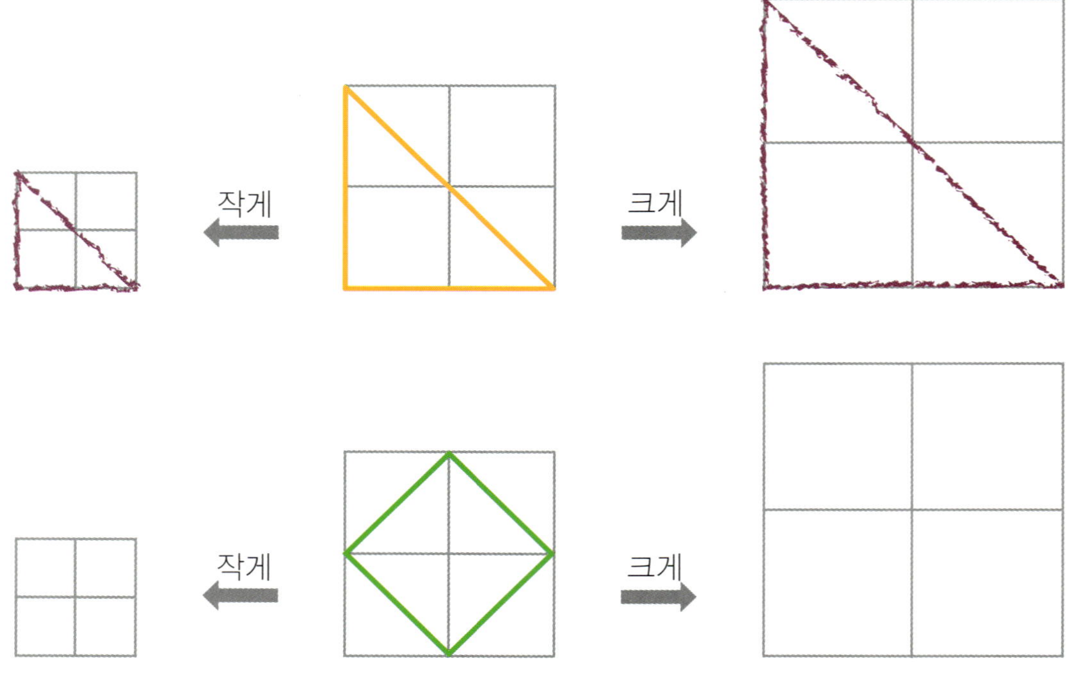

2 알맞은 크기의 닮은 도형을 그려 보세요.

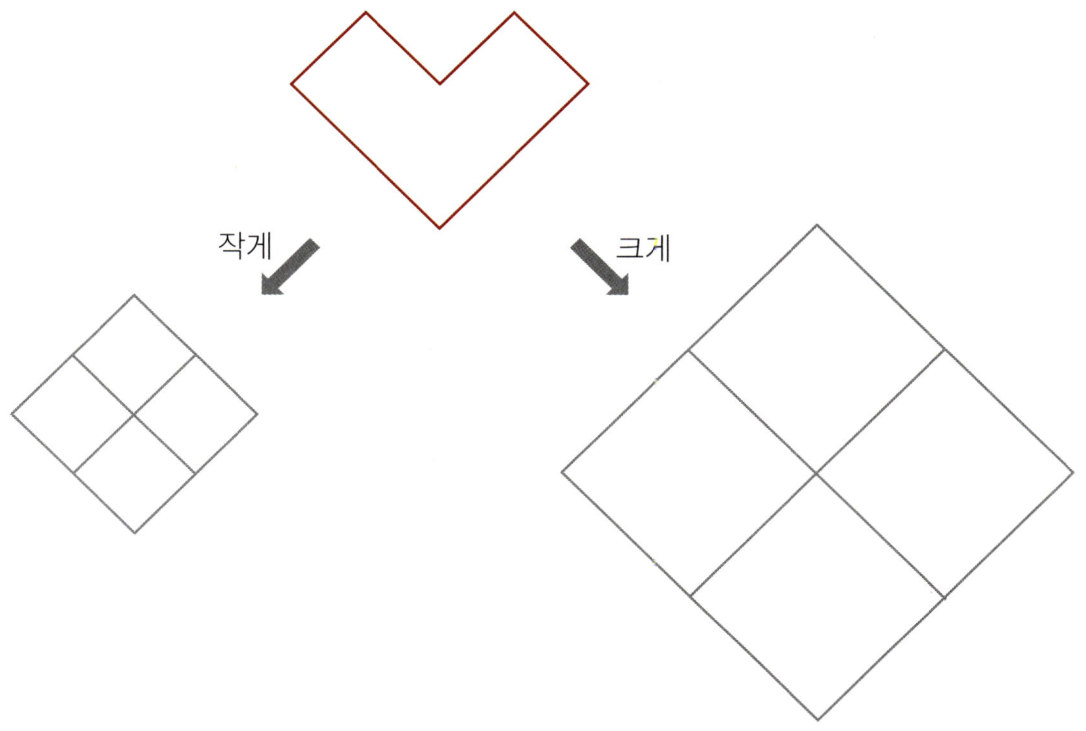

3 규칙에 맞게 닮은 도형을 그려 보세요.

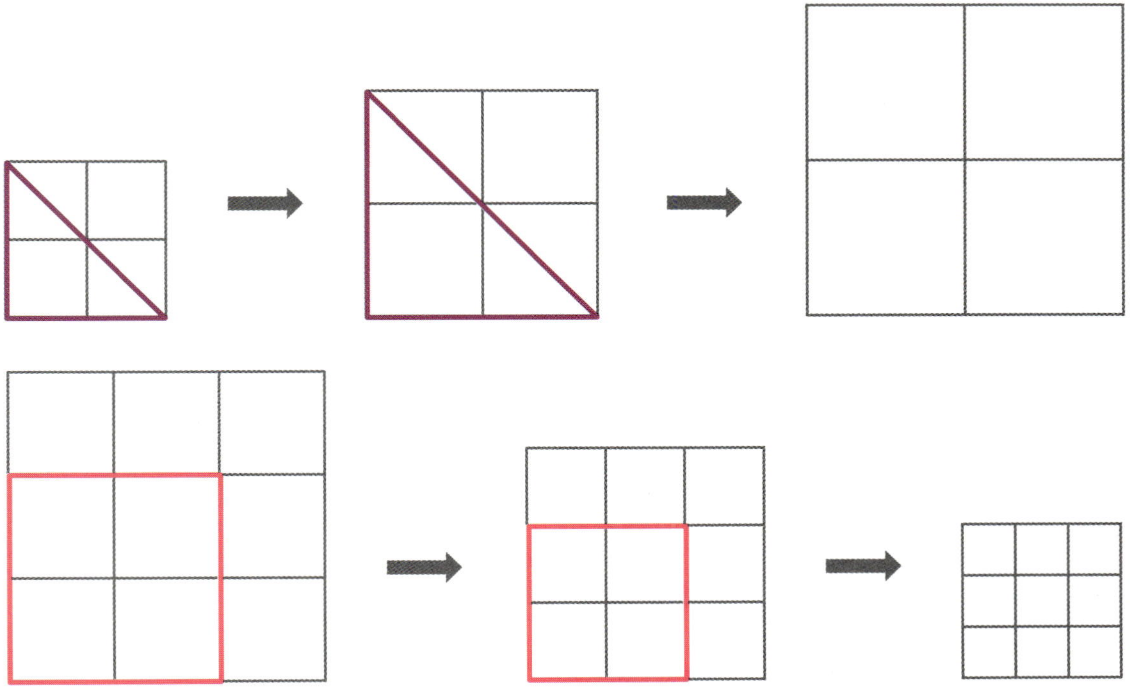

스토리텔링 창의수학

[색종이]

1 색종이를 잘라 여러 가지 모양을 만들었습니다. 닮은 모양끼리 선으로 이어 보세요.

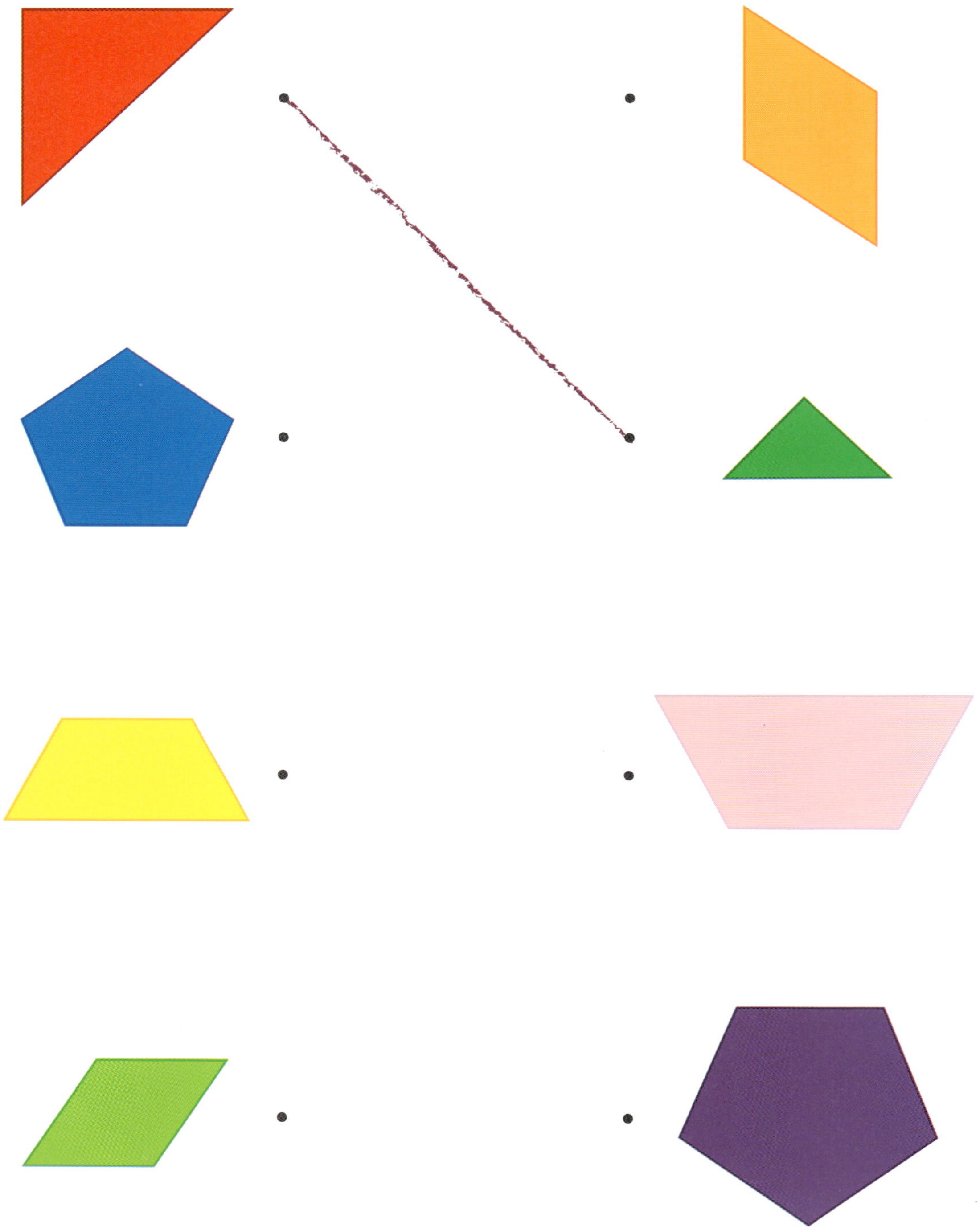

[그림 완성]

2 형이 노트에 그린 그림을 작게 옮겨 그리려고 합니다. 그림을 완성하세요.

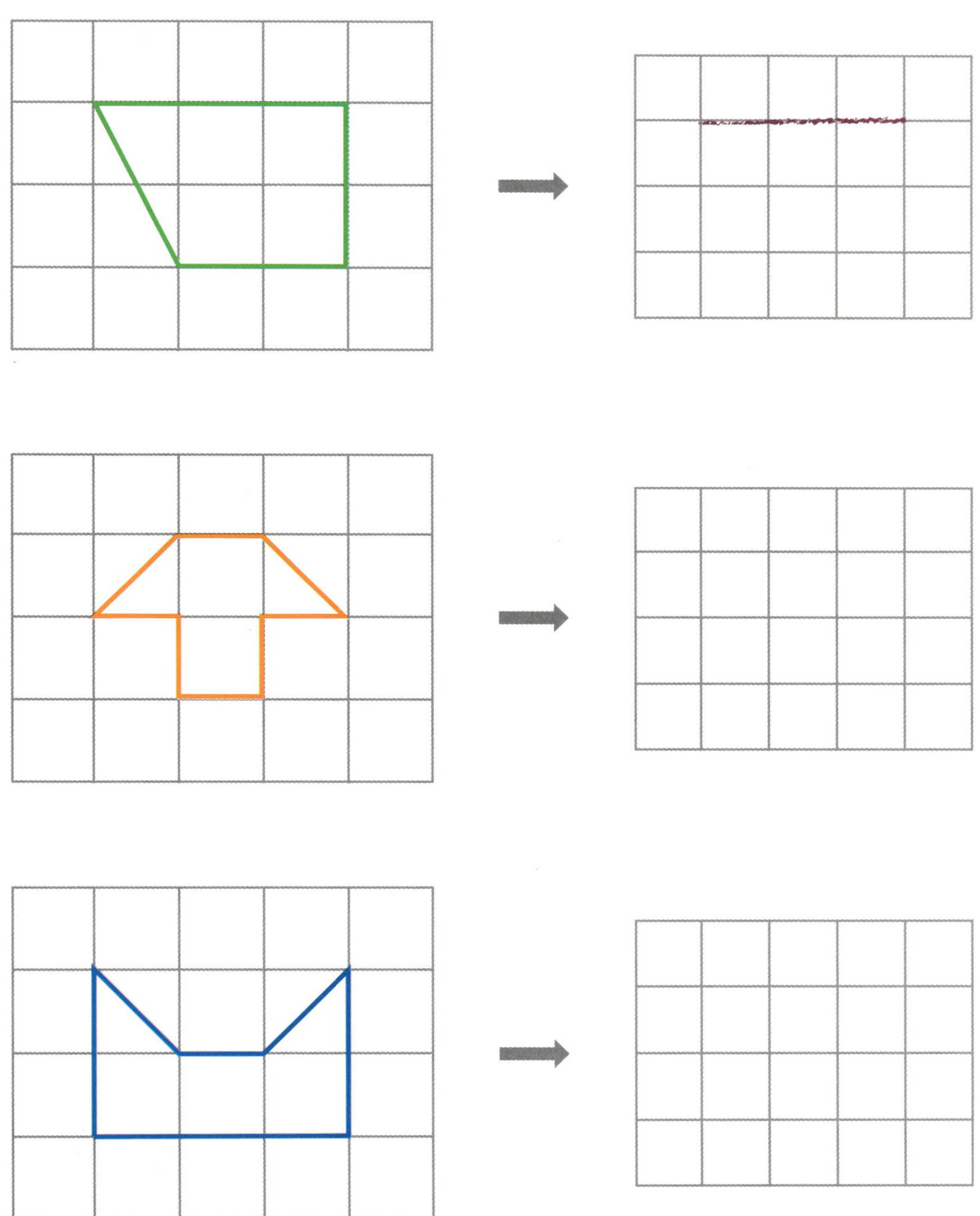

[그림자]

3 은호는 물건을 전구에서 가까운 곳과 먼 곳에 놓으며 그림자를 관찰했습니다. 같은 물건의 그림자를 찾아 ○표 하세요.

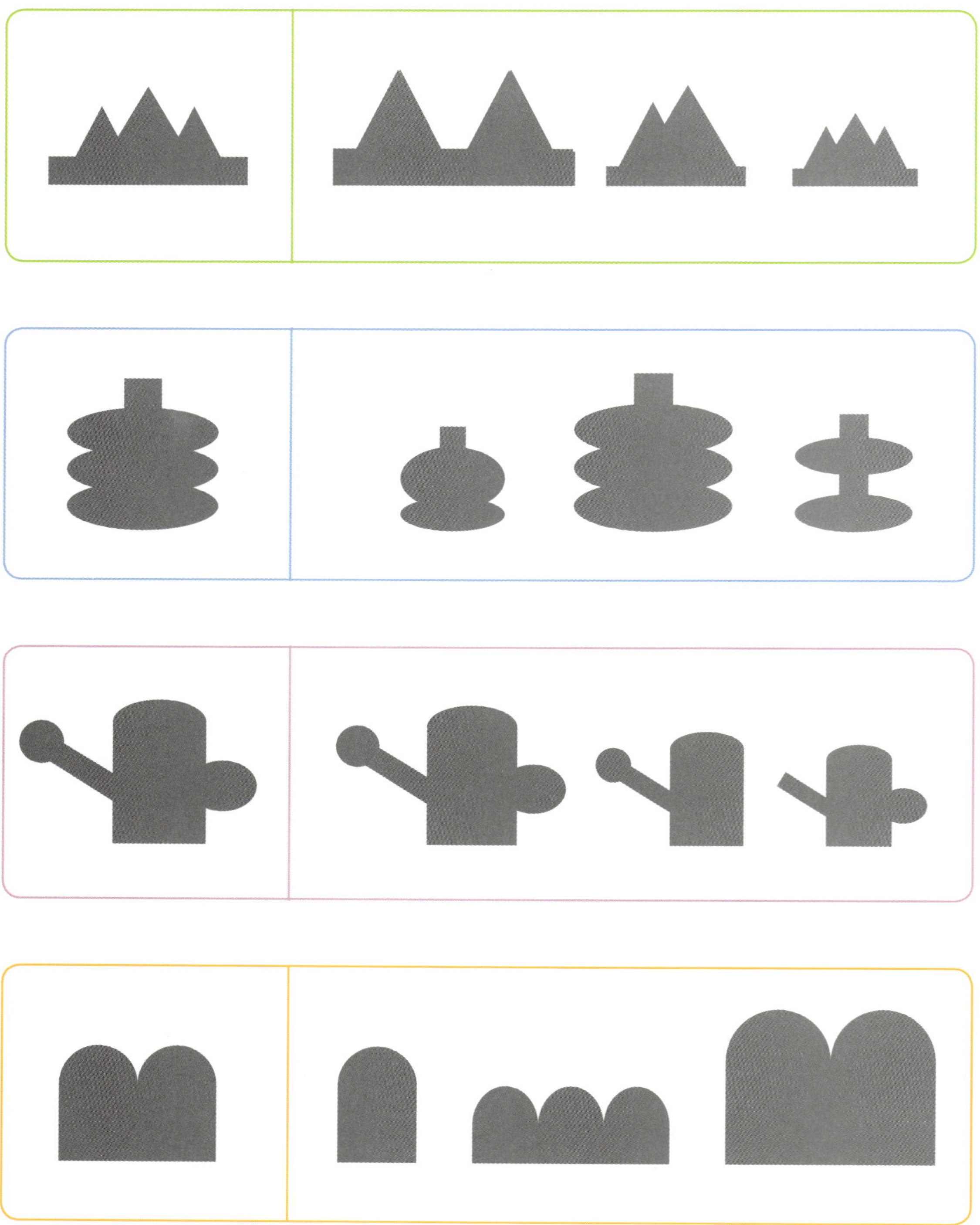

[액자]

4 여우 그림을 크게 그려서 액자에 걸어 두려고 합니다. 아래의 큰 네모 칸에 여우를 옮겨 그려 보세요.

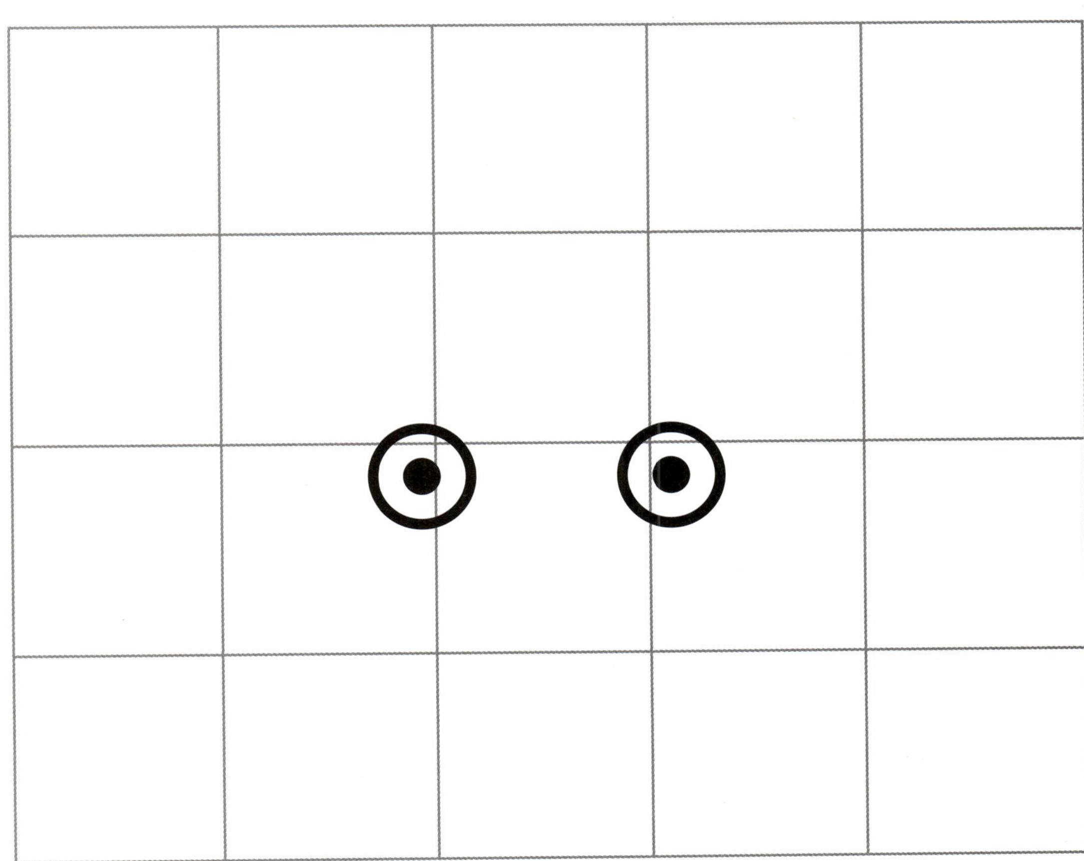

피라미드의 높이

고대 그리스의 수학자 탈레스가 짧은 막대 하나로 피라미드의 높이를 구한 이야기는 유명합니다. 탈레스는 닮음을 이용하여 피라미드의 높이를 재었다고 합니다.

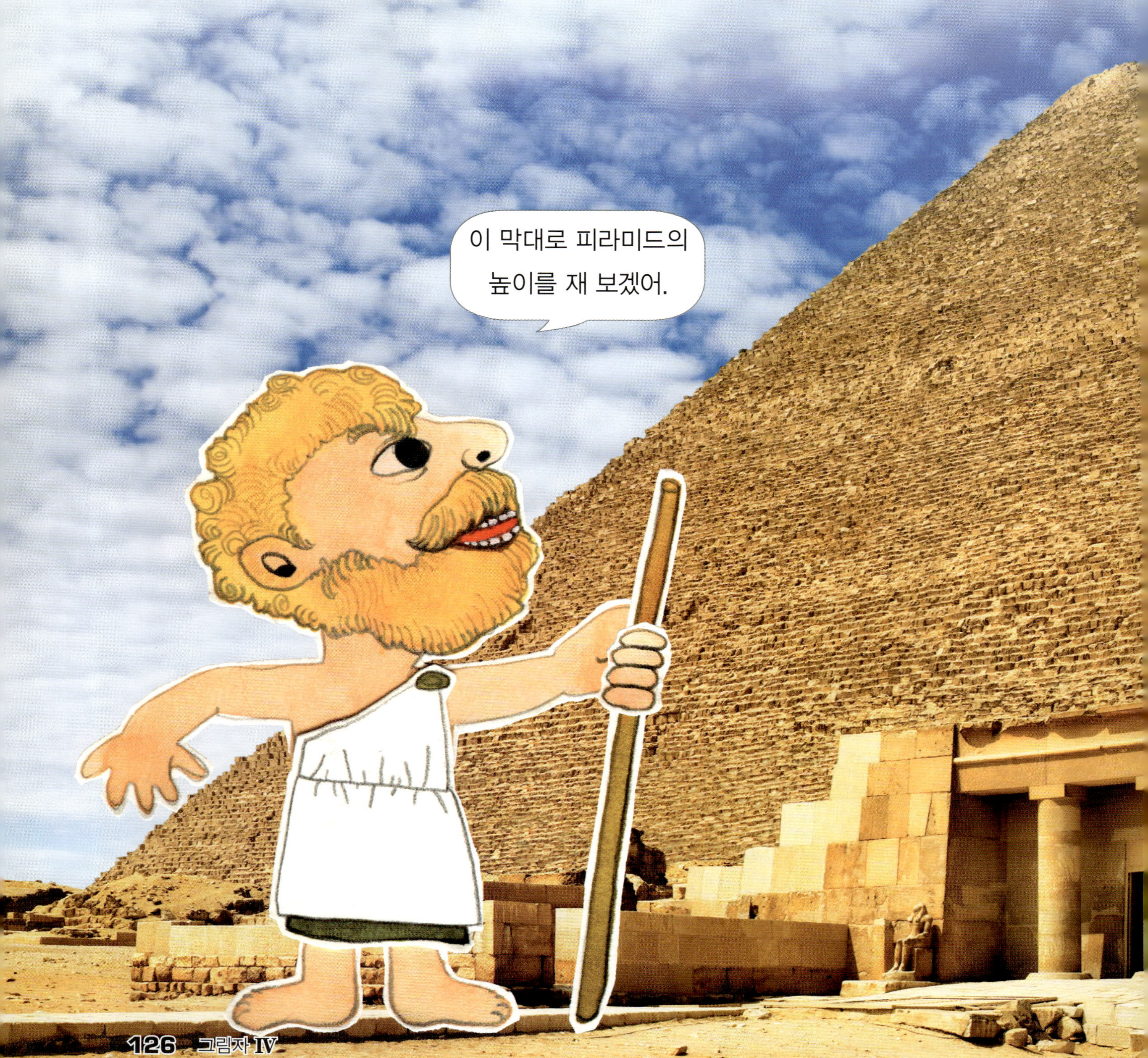

A 탈레스는 태양이 쨍쨍 내리쬐던 어느 날 막대를 땅 우에 똑바로 세우고, 막대 길이와 막대 그림자 길이, 피라미드 그림자 길이를 쟀습니다. 그리고 피라미드 그림자 길이가 막대 그림자 길이의 ▧배일 때, 피라미드 높이도 막대 길이의 ▧배인 것을 이용하여 피라미드의 높이를 계산했습니다.

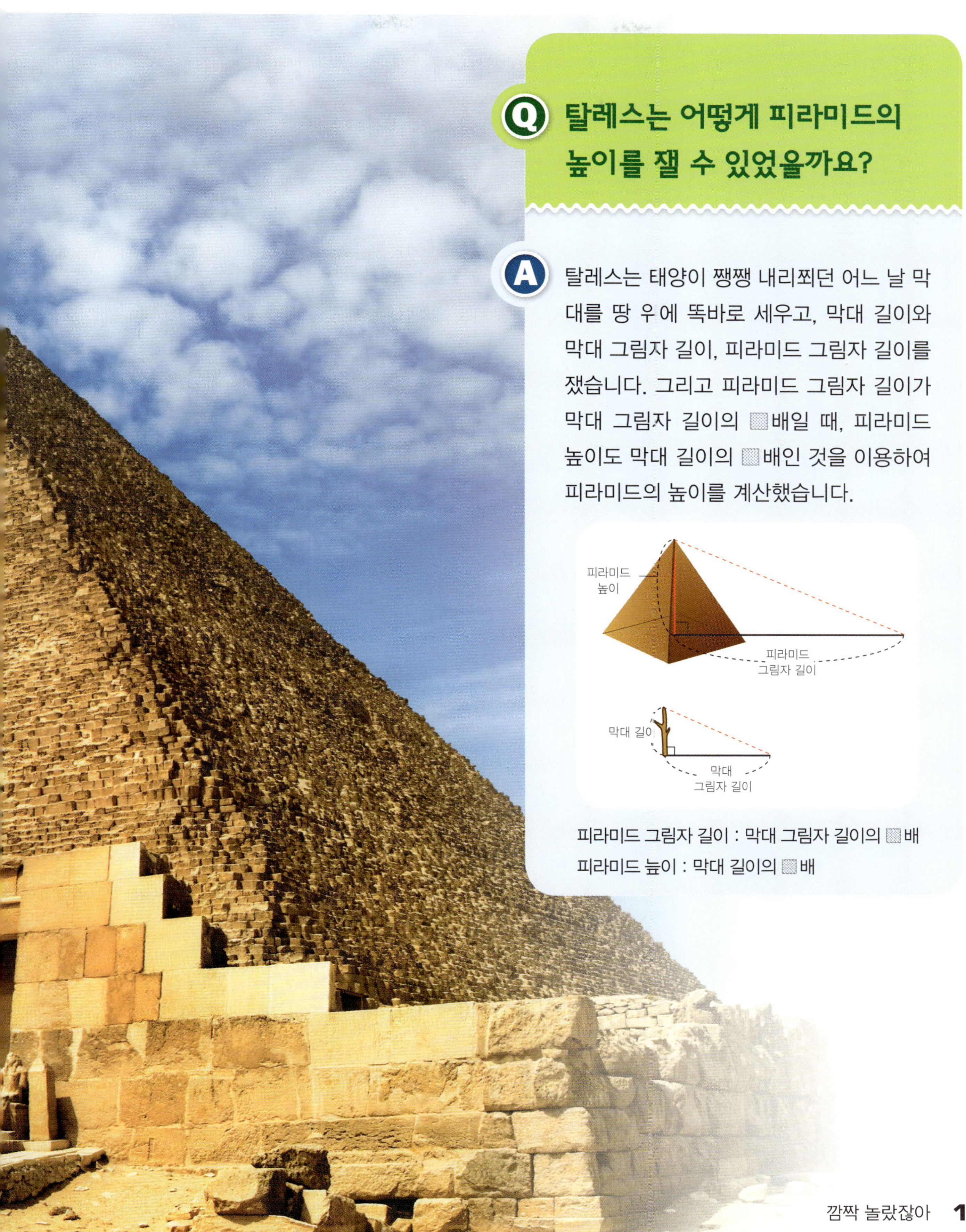

피라미드 그림자 길이 : 막대 그림자 길이의 ▧배

피라미드 높이 : 막대 길이의 ▧배

밖으로 접는 선:

풀칠하는 면:

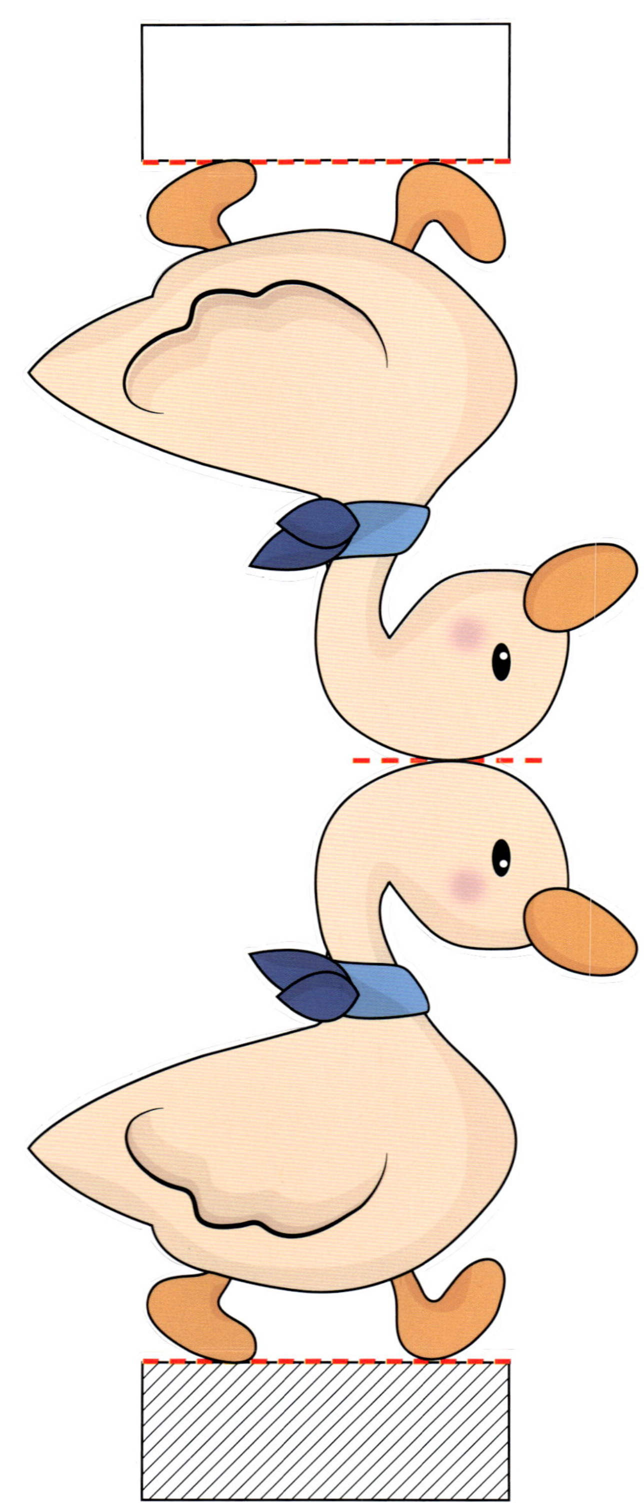

준비물 , △ 모양

60쪽에 사용하세요.

준비물 그림 카드

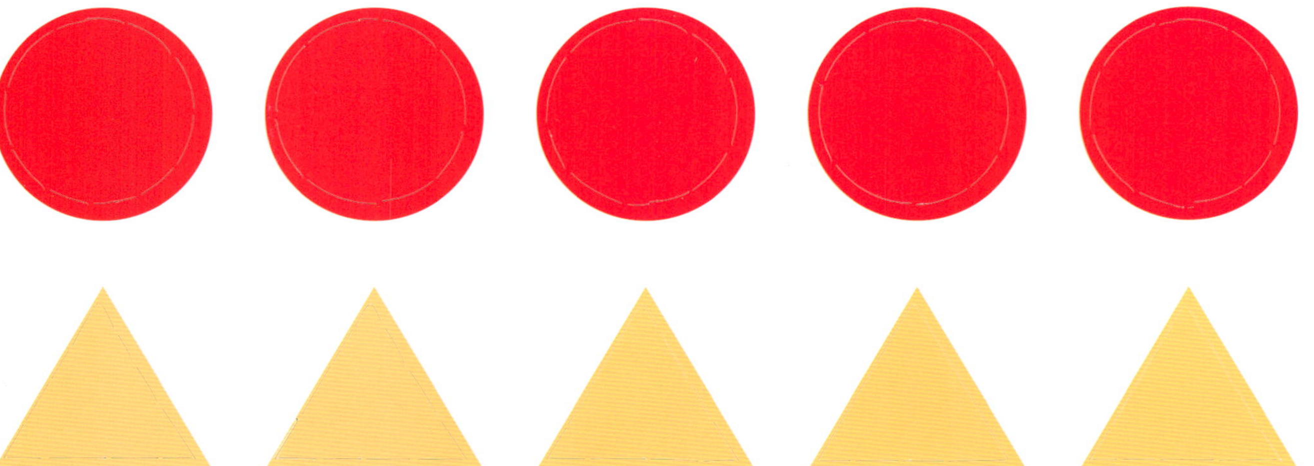

84～85쪽에 사용하세요.

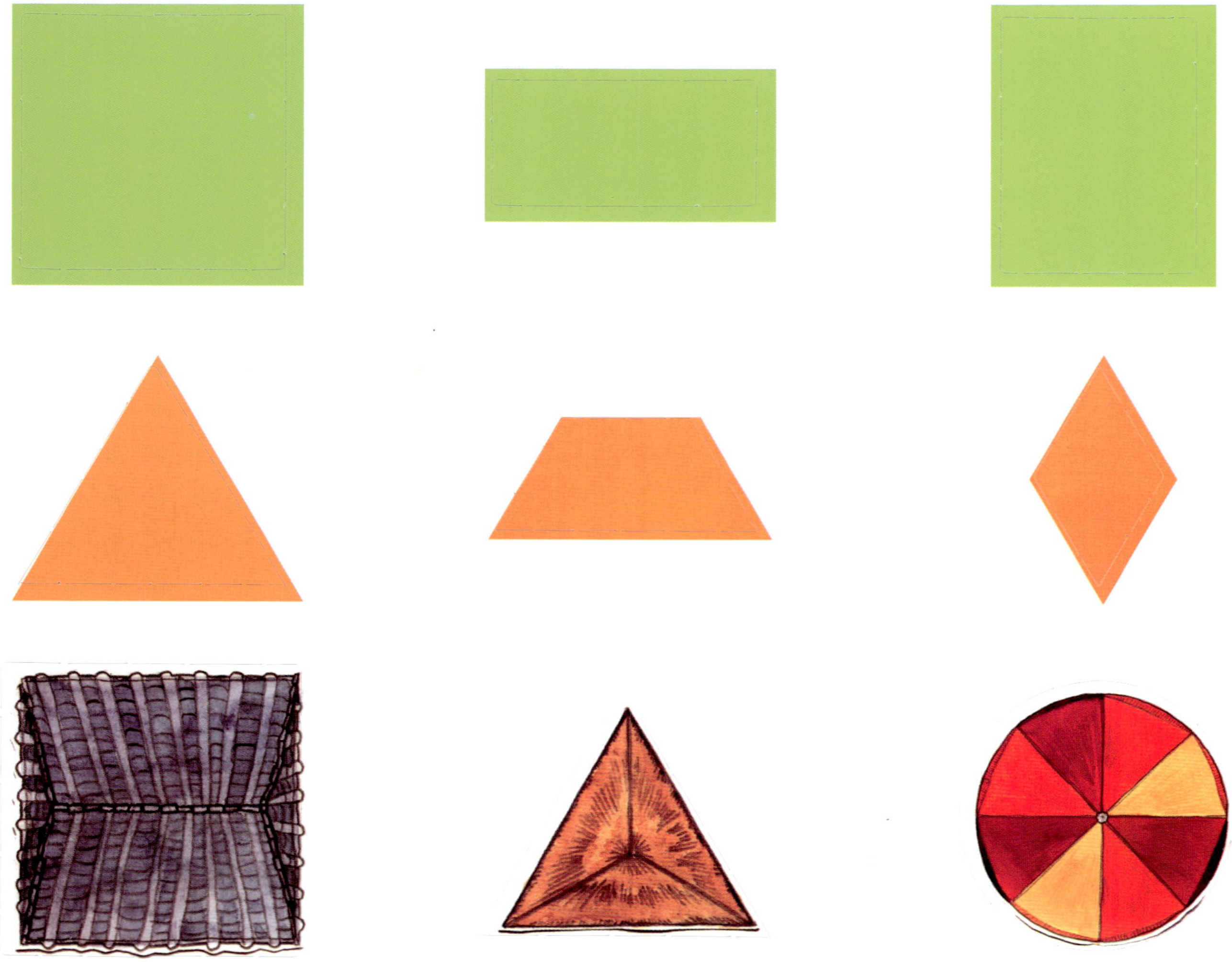

62쪽에 사용하세요.

115쪽에 사용하세요.

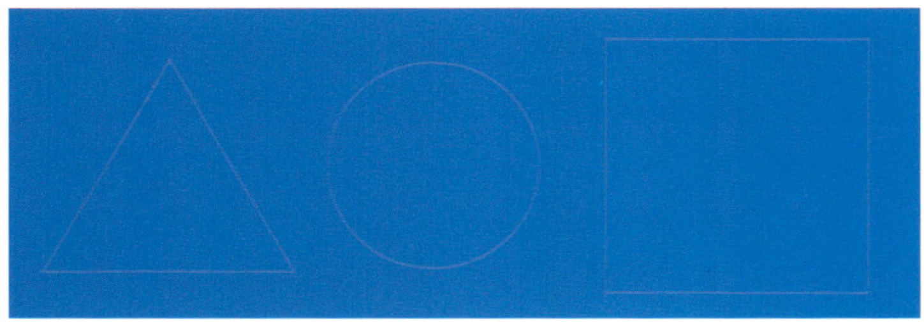

49쪽에 사용하세요.

함께 읽는 글

행복은 가까운 곳에

행복은 현재와 연결되어 있다.
목적지에 닿아야 비로소 행복해지는 것이 아니라
여행하는 과정에서 행복을 느끼기 때문이다.

앤드류 매튜스 (Andrew Matthews)

우리가 느끼는 행복이나 만족은 꼭 좋은 결과에만 달려 있는 것이 아니랍니다.
원하는 결과를 얻기 위해 한 단계씩 나아가며 노력하는 과정 그 자체를 즐겨 보세요.
행복은 열심히 노력하는 지금 이 순간에 있답니다.

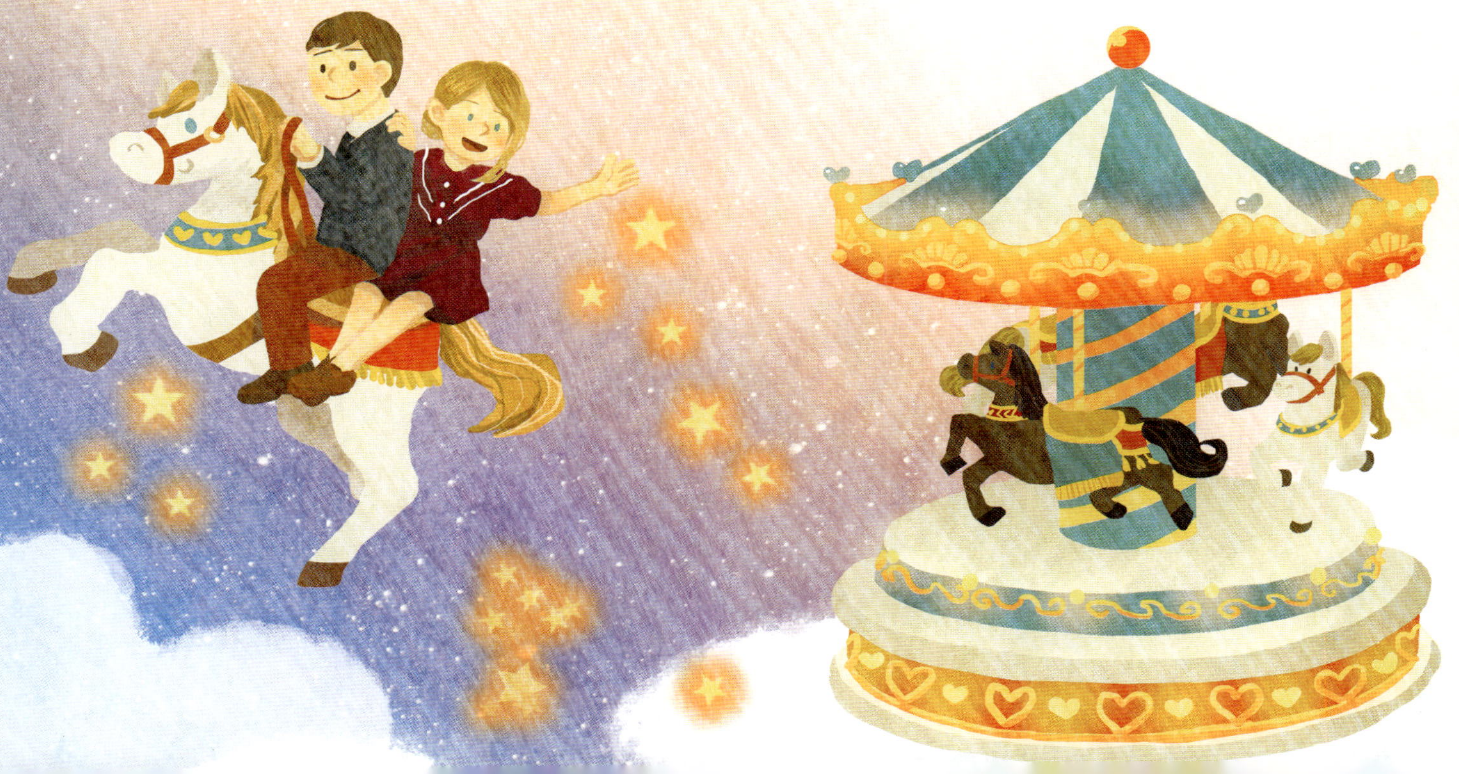

창의력 수학
노크
A 단계

우리 아이의 수학적 잠재력을 깨워주는

창의력 수학 노크

Knock! Knock!

학부모 가이드

그림자로
배우는 수학

A2

천재교육

학부모 가이드

우리 아이의
수학적 잠재력을 깨워주는 **창의력 수학**

노크

A2

I 누구?

그림자는 우리 생활과 밀접하게 관련되어 있습니다. 이 단원에서는 그림자가 생기는 생활 주변의 현상을 통해 그림자가 생기는 원리를 이해할 수 있습니다. 또한 물건의 그림자를 관찰하여 네모, 세모, 동그라미의 의미와 특징을 알고 여러 가지 물건의 그림자 모양을 알 수 있습니다.

1 그림자가 생기는 원리를 이해하고 그림자의 모양에 알맞은 물건을 찾게 합니다.
2 생활 주변에서 볼 수 있는 물건의 그림자를 예상하고 확인하게 합니다.
3 물건의 가장자리를 따라 네모, 세모, 동그라미를 그리는 활동을 통해 그림자의 모양을 구별하게 합니다.
4 네모와 세모, 동그라미의 특징을 알고, 그에 따라 물건의 모양을 구별하게 합니다.

그림자를 보고 어떤 물건의 그림자인지 예상하고, 확인해 보는 이야기를 통해 호기심을 유발하고 있습니다. 생활 속에서 볼 수 있는 그림자를 관찰하며 창의적으로 사고하고 표현할 수 있도록 함께 이야기를 나누어 보세요.

14 • 15

교통 표지판에 있는 동물의 그림자를 관찰하며 표지판의 의미를 생각해 보는 활동입니다. 각 표지판에 대해 서로 이야기하며 다양한 생각을 공유하고, 올바른 의미를 이해할 수 있도록 지도해 주세요.

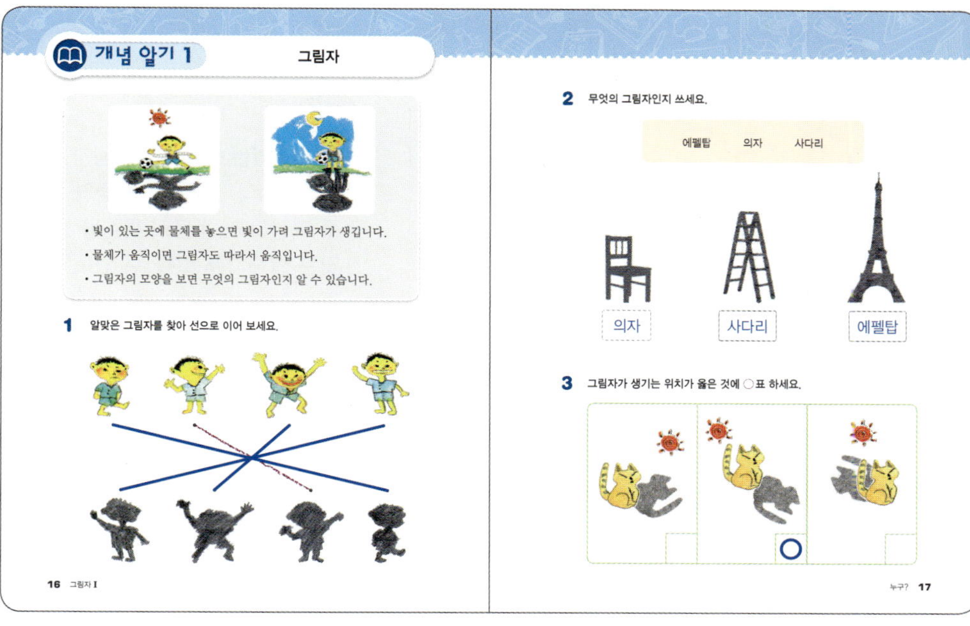

16 · 17

그림자가 생기는 원리를 이해하고, 그림자의 모양을 보고 무엇의 그림자인지 알아보는 활동입니다.

1 알맞은 그림자를 연결할 수 있게 도와주세요. 직접 포즈를 취하며 그림자를 관찰하는 활동을 해도 좋습니다.

2 우리 생활 주변에서 볼 수 있는 그림자 모양을 보고 무엇의 그림자인지 이야기할 수 있게 도와주세요. 다른 사물의 그림자를 보여 주셔도 좋습니다.

3 그림자가 빛의 반대편에 생긴다는 원리를 이해하여 그림자의 방향에 맞는 곳을 찾도록 도와주세요.

18 · 19

생활 주변에서 볼 수 있는 물건의 그림자를 예상하고 확인하는 활동입니다.

1 물건의 특징을 찾아낼 수 있게 이끌어 주세요. 틀린 부분이라고 생각하는 이유에 대해 이야기 나누는 시간도 가져 보세요.

2 먼저 물건의 그림자를 예상해 보게 한 다음, 지워진 부분에 알맞은 그림자를 그려 완성할 수 있게 도와주세요.

3 사과의 특징에 맞게 그림자를 그릴 수 있도록 도와주세요. 사과의 모양에 대해 먼저 이야기를 나누어보는 것도 좋습니다.

20 · 21

1 특징이 있는 동물들의 그림자를 찾는 활동입니다. 먼저 각 동물의 그림자를 예상하고, 동물의 특징을 찾아 알맞은 그림자를 고를 수 있도록 도와주세요.

2 사진과 그림자를 보고, 어떤 운동인지 예상하여 그림자를 완성하는 활동입니다. 공을 보고 운동 종목을 쉽게 알 수 있습니다. 선수들의 그림자에 이상한 점이 있는지 같이 살펴본 후 그림자를 완성할 수 있게 도와주세요.

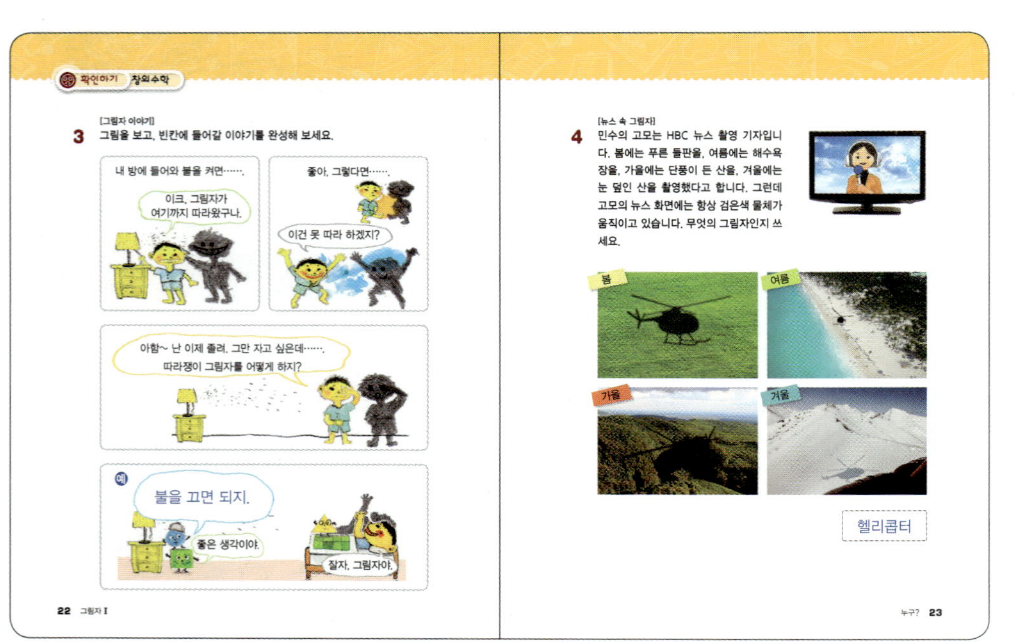

22 · 23

3 그림자가 생기는 원리를 이용하여 이야기를 완성하는 활동입니다. 직접 불빛을 이용하여 그림자가 생기는 원리를 이해한 후, 창의적이고 다양한 방법으로 이야기를 완성할 수 있게 지도해 주세요.

4 다양한 장면에서 나타나는 그림자를 보고 무엇의 그림자인지 이야기하는 활동입니다. 그림자의 특징을 통해 문제를 해결할 수 있게 도와주세요.

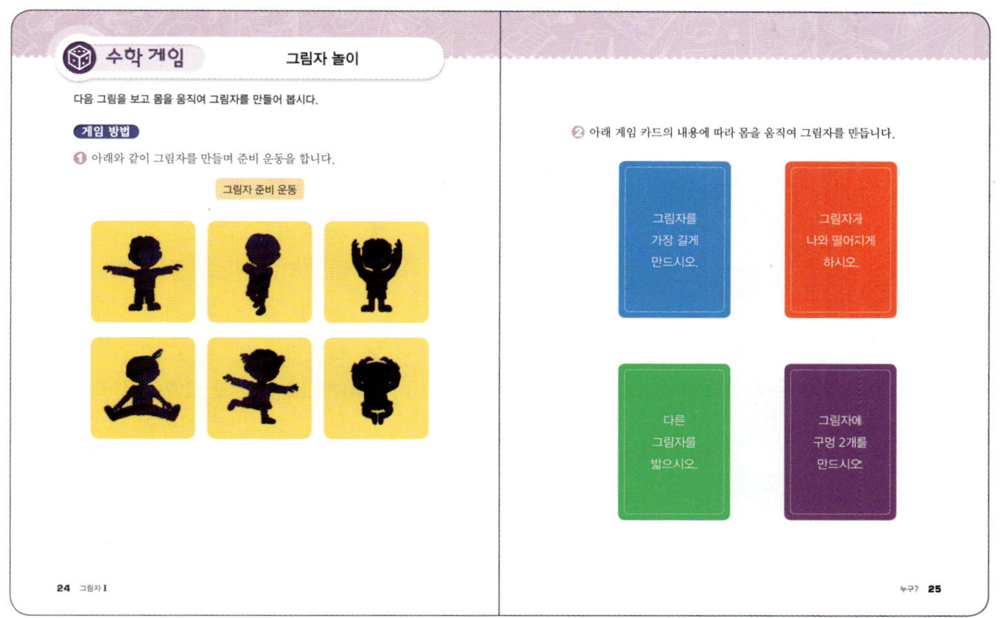

24 · 25

명령에 따라 직접 그림자를 만들어 보는 게임입니다. '그림자 준비 운동'을 따라하면서 다양한 동작들의 특징을 이해할 수 있게 지도해 주세요. 게임 카드의 명령에 따라 올바른 그림자를 표현할 수 있게 도와주세요. 다른 모양의 그림자를 만들어 보는 게임 카드를 추가해도 좋습니다.

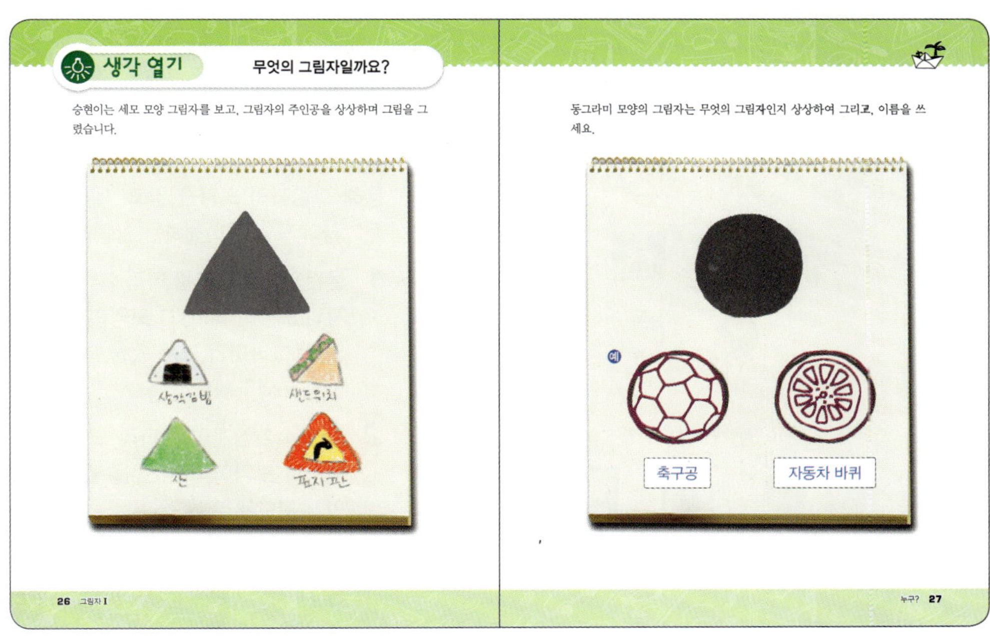

26 · 27

그림자의 모양을 보고 무엇의 그림자인지 창의적으로 사고하고 표현해 보는 활동입니다. 생활 속에서 볼 수 있는 다양한 물건들을 관찰하고 모양의 공통점을 찾아낼 수 있게 도와주세요.

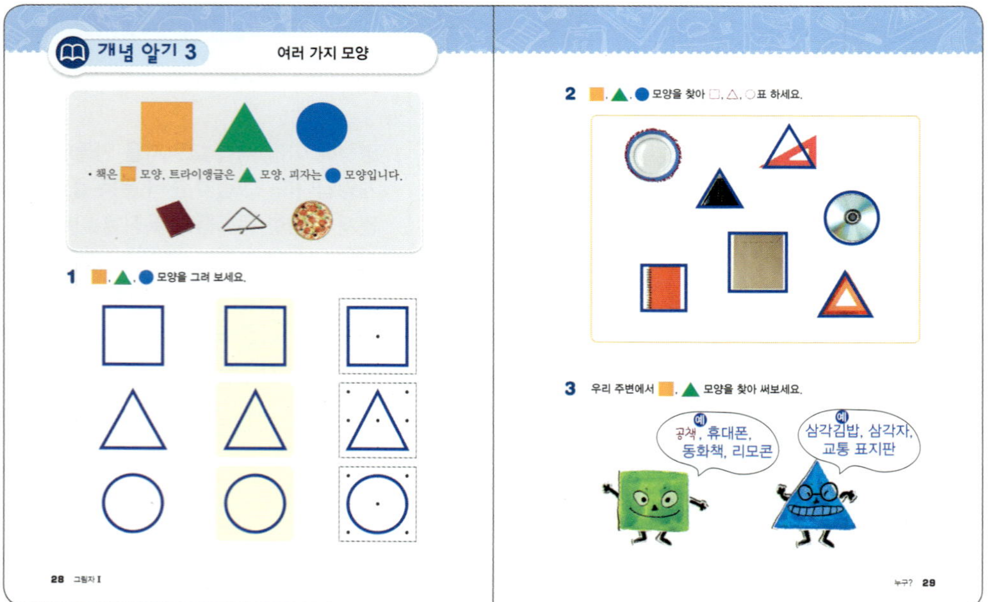

28 · 29

네모와 세모, 동그라미의 특징을 알고, 모양에 따라 물건을 분류하는 활동입니다.

1 선과 점을 따라 네모, 세모, 동그라미를 그리는 활동을 통해 각 모양의 특징을 이해할 수 있도록 지도해 주세요.

2 네모와 세모, 동그라미의 특징을 이해하고 물건의 모양에 따라 네모, 세모, 동그라미로 분류할 수 있게 도와주세요.

3 네모, 세모 모양을 가진 물건을 주위에서 찾을 수 있도록 도와주세요.

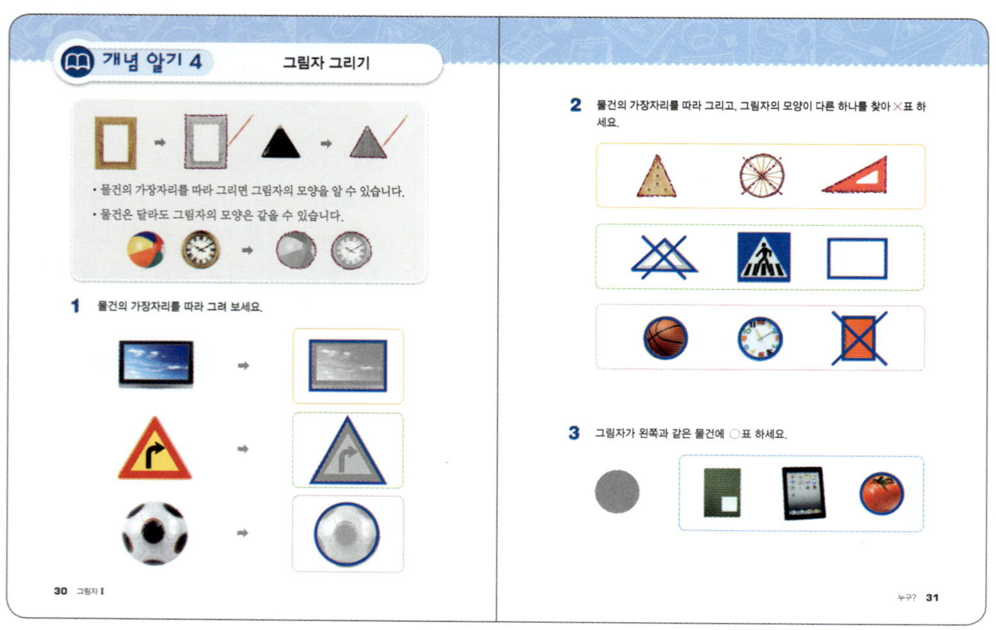

30 · 31

물건의 가장자리를 따라 그리는 활동을 통해 그림자의 모양을 알고, 네모, 세모, 동그라미 모양을 이해하는 활동입니다.

1 물건의 가장자리를 따라 그리면 그림자의 모양이 되고, 그 모양이 네모, 세모, 동그라미가 되는 것을 이해할 수 있게 도와주세요.

2 물건의 가장자리를 따라 그리고, 그림자의 모양이 다른 것을 골라낼 수 있게 지도해 주세요.

3 물건의 가장자리를 따라 그렸을 때, 동그라미 모양이 되는 물건을 찾을 수 있도록 도와주세요.

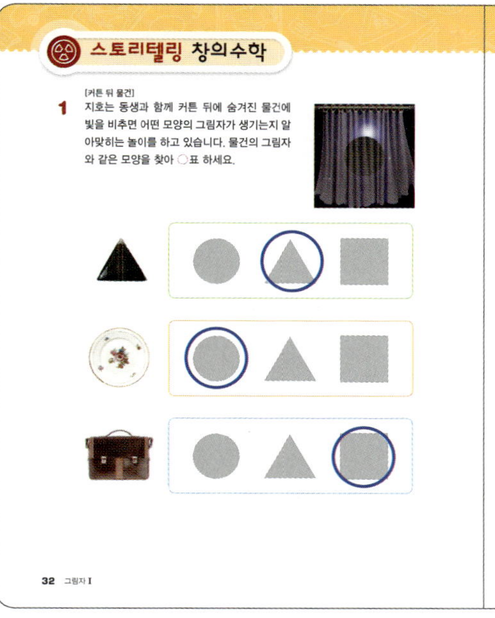

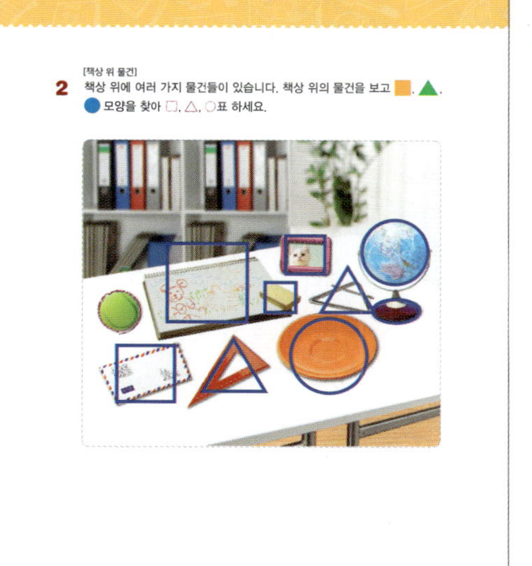

32 · 33

1 물건의 특징을 관찰하고, 네모, 세모, 동그라미 중에서 같은 모양을 찾는 활동입니다. 다양한 물건을 관찰하며 모양의 특징을 찾을 수 있게 도와주세요.

2 생활 속에서 네모, 세모, 동그라미 모양을 찾는 활동입니다. 각 모양의 특징을 이해하고 이를 이용하여 생활 속 여러 물건들을 구별할 수 있게 지도해 주세요.

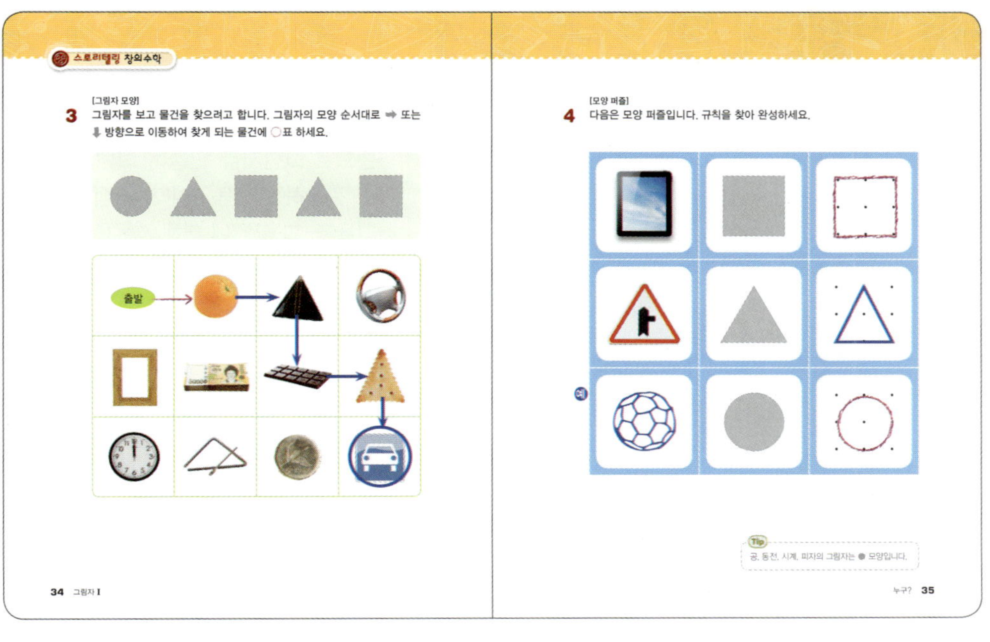

34 · 35

3 물건의 그림자 모양을 찾고, 힌트의 순서를 따라가며 물건을 찾는 활동입니다. 같은 모양이더라도 대각선에 있는 물건을 고르지 않게 지도해 주세요.

4 먼저 물건의 그림자를 예상하고 그 모양에 따라 네모, 세모, 동그라미를 그리는 활동입니다. 직접 규칙을 발견할 수 있게 도와주세요.

Ⅱ 초대하지 않았어

이 단원에서는 직접 그림자를 만들어 보며 모양과 그림자의 관계를 살펴봅니다. 물건과 모양의 특징으로 그림자를 구별하는 활동을 통해 어떤 모양이 겹쳐졌는지 이해하고, 한 가지 또는 두 가지 모양을 이용하여 다양한 그림자를 만들 수 있습니다.

학습목표

1 물건의 특징을 이용하여 그림자를 구별하게 합니다.
2 물건의 그림자를 네모, 세모, 동그라미로 만들어 보게 합니다.
3 네모, 세모, 동그라미를 겹쳐 다양한 모양의 그림자를 만들고, 그림자를 보고 사용한 모양을 찾게 합니다.
4 한 가지 또는 두 가지 모양을 이용하여 새로운 모양을 만들 수 있게 합니다.

스토리 동기유발

손과 물건의 그림자로 사람과 동물을 표현하는 이야기를 통해 그림자 만들기에 대한 호기심을 유발하고 있습니다. 생활 주변에서 볼 수 있는 물건과 손을 이용하여 그림자를 만들고 함께 이야기 나누어 보세요.

44 • 45

손으로 그림자를 만들며 그림자의 모양을 관찰하는 활동입니다. 직접 그림자를 만들고, 그 모양에 대해 자유롭게 이야기 나눌 수 있도록 지도해 주세요.

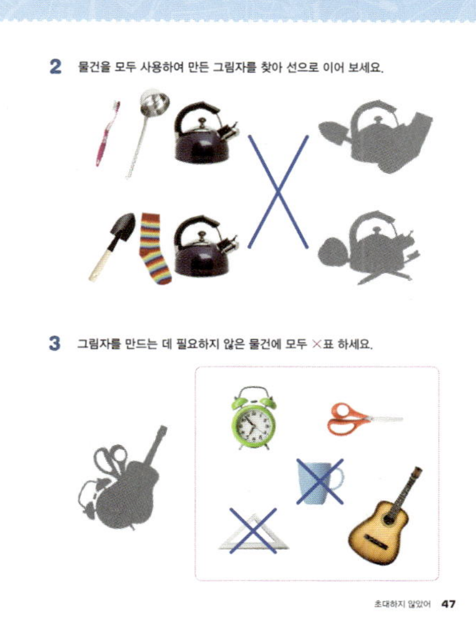

46 · 47

그림자를 보고 원래의 물건을 찾아냅니다.

1 그림자에 나타난 특징을 찾을 수 있게 도와주세요. 특징이 있는 물건들을 살펴보고 함께 이야기 나누어도 좋습니다.

2 각 물건의 특징을 이용하여 그림자를 구별할 수 있게 도와주세요.

3 각 물건의 특징을 이용하여 그림자를 만드는 데 사용하지 않은 물건을 찾을 수 있도록 도와주세요.

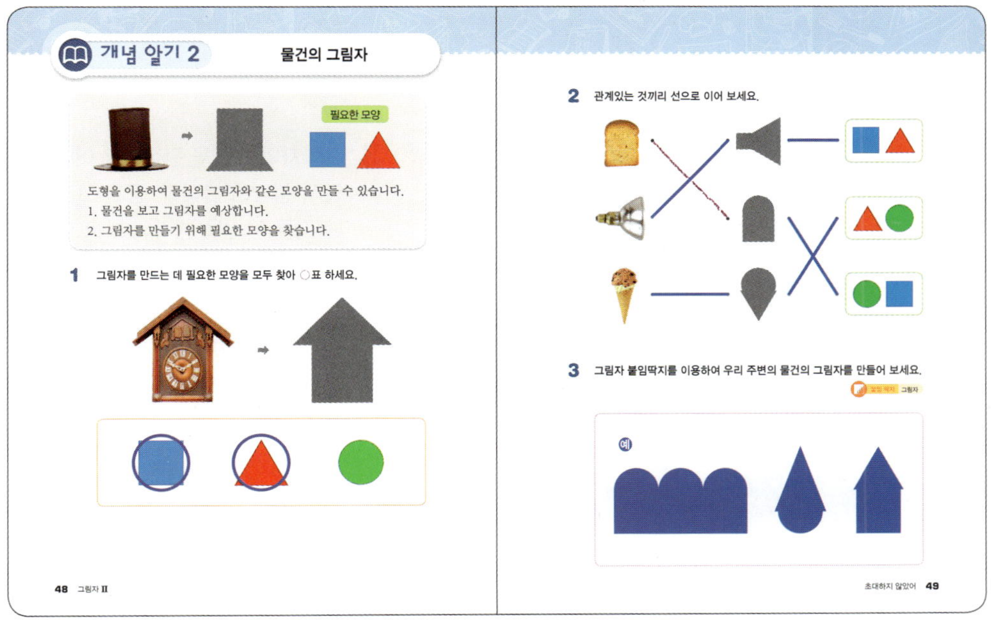

48 · 49

도형으로 물건의 그림자를 만들어 봅니다.

1 시계의 그림자를 관찰하고, 그림자의 특징을 찾아 필요한 모양을 고를 수 있게 도와주세요.

2 각 물건의 그림자 모양을 예상할 수 있게 도와주세요. 예상한 그림자를 직접 네모, 세모, 동그라미로 나타내게 해도 좋습니다.

3 물건의 특징을 찾아 붙임딱지로 그림자를 나타낼 수 있도록 도와주세요.

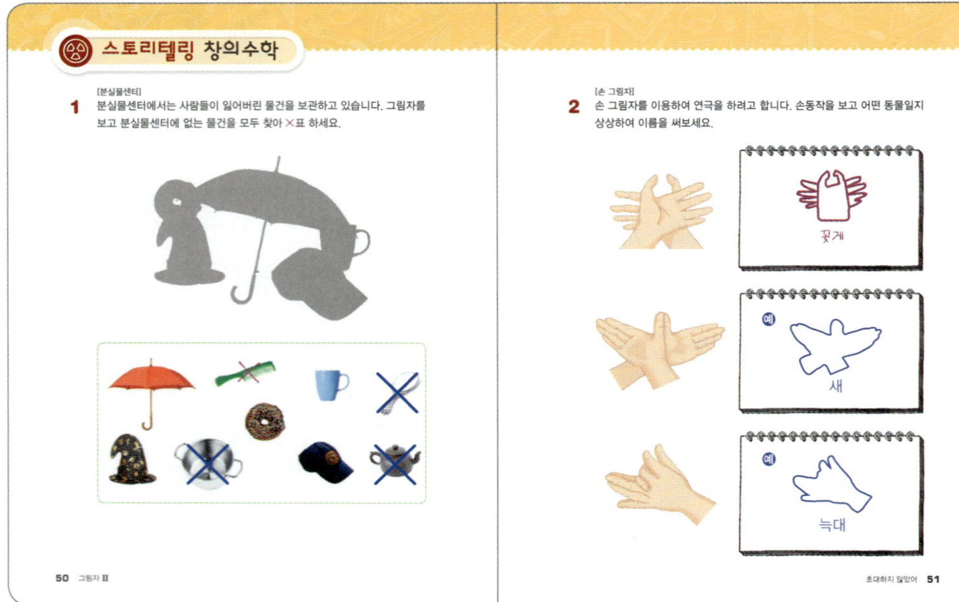

50 · 51

1 그림자의 특징을 관찰하고 사용하지 않은 물건을 찾아봅니다. 그림자 모양으로 물건을 예상하고 알맞은 물건을 고를 수 있게 도와주세요. 사용하지 않은 물건에 대한 그림자를 나타내어 보는 활동을 추가해도 좋습니다.

2 손 모양을 보고 그림자를 예상하여 어떤 동물인지 이야기해 봅니다. 직접 그림자를 만들어 보고 함께 이야기 나누어 보세요. 그림으로 나타내지 않아도 문제의 그림자의 특징을 가진 동물을 이야기하였다면 정답으로 봅니다.

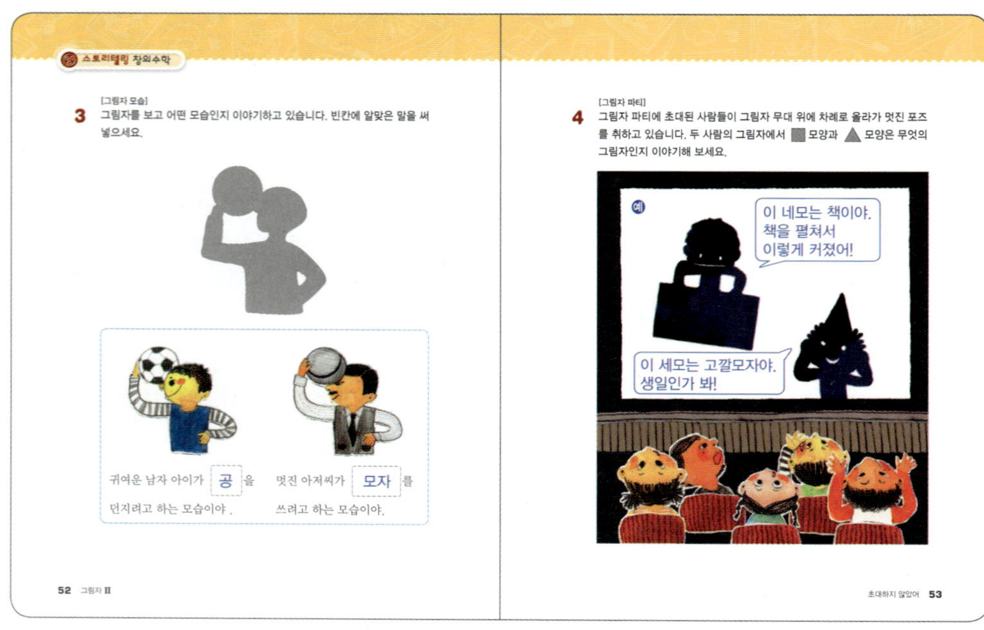

52 · 53

3 그림자의 모양을 관찰하고 어떤 물건인지 생각해 봅니다. 공과 모자가 아닌 다른 물건을 생각해 보고 함께 이야기 나누어 보세요.

4 그림자에 보이는 네모와 세모는 무엇의 그림자인지 이야기해 봅니다. 다양한 상황을 생각할 수 있게 이끌어 주세요.

54 · 55

게임판에 붙임 딱지를 붙이고 그 위에 상상하여 그림을 그리는 활동입니다. 게임판에 있는 모양에 맞게 붙임 딱지를 붙이기 위해 붙임 딱지가 서로 겹쳐질 수 있다는 것을 알려 주세요. 완성한 게임판 위에 자유롭게 그림을 그리고, 소개하는 시간을 가져도 좋습니다.

56 · 57

네모와 세모의 모양을 관찰한 후에 그림자를 예상하고 그려 보는 활동입니다. 네모와 세모로 만든 모양과 그림자의 관계를 이해할 수 있도록 지도해 주세요.

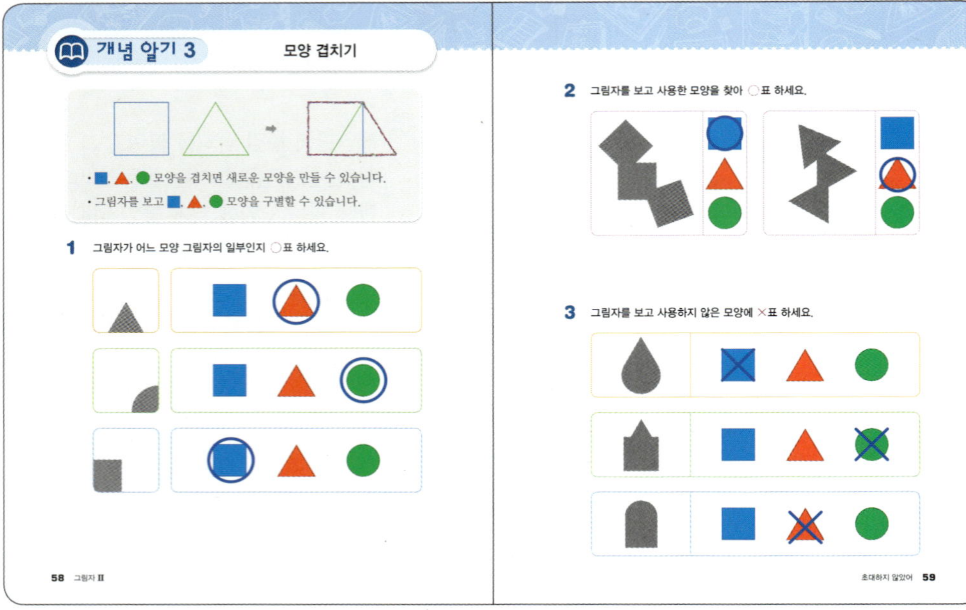

네모, 세모, 동그라미 모양이 겹쳐져 새로운 모양을 만드는 원리를 이해합니다.

1 네모, 세모, 동그라미 모양의 특징을 이해하여 그림자의 일부를 보고 어느 모양인지 찾을 수 있도록 도와주세요.

2 그림자에서 특징을 찾아 사용한 모양을 고를 수 있게 도와주세요.

3 그림자의 특징을 관찰하고 사용한 모양과 사용하지 않은 모양을 구별할 수 있게 도와주세요.

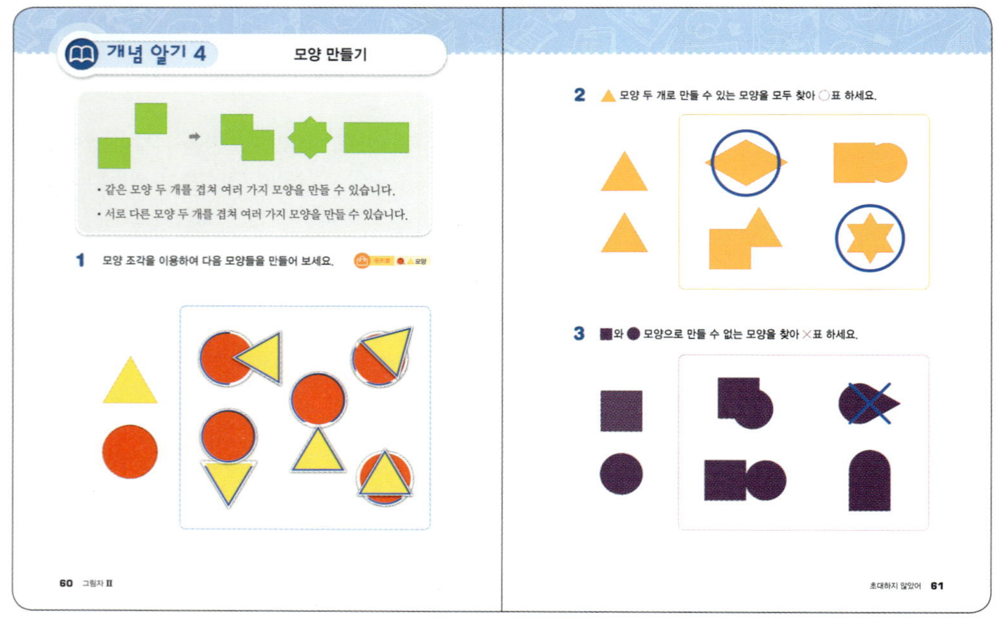

같은 모양 2개와 다른 모양 2개로 새로운 모양을 만들어 봅니다.

1 세모, 동그라미 모양의 특징을 이용하여 주어진 모양을 만들어 볼 수 있도록 도와주세요.

2 세모 모양의 특징을 이용하여 알맞은 모양을 찾을 수 있게 도와주세요. 세모 모양 2개로 직접 새로운 모양을 만들어 보는 활동을 해도 좋습니다.

3 네모와 동그라미의 특징을 이용하여 알맞은 모양을 고를 수 있게 도와주세요. 직접 네모와 동그라미 모양을 겹쳐 다양한 모양을 만들어 보세요.

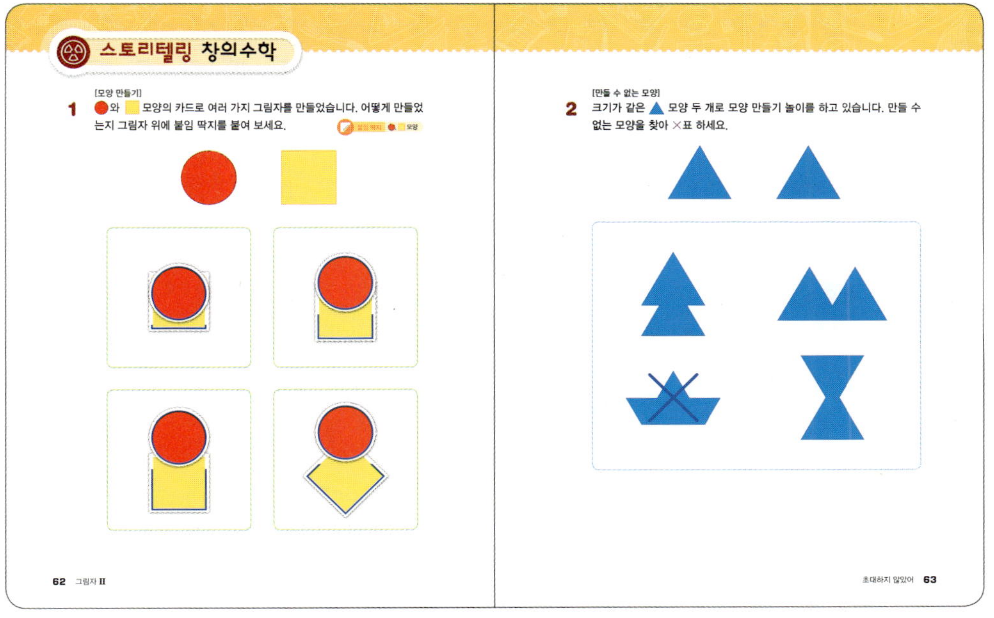

62 · 63

1 두 가지 모양을 겹쳐서 만든 모양의 특징을 찾아 문제를 해결합니다. 네모와 동그라미 붙임 딱지를 알맞은 위치에 붙일 수 있게 도와주세요.

2 크기가 같은 세모 모양 2개로 만들 수 없는 모양을 고릅니다. 만들 수 없는 모양에 대한 이유를 함께 이야기 나누어도 좋습니다.

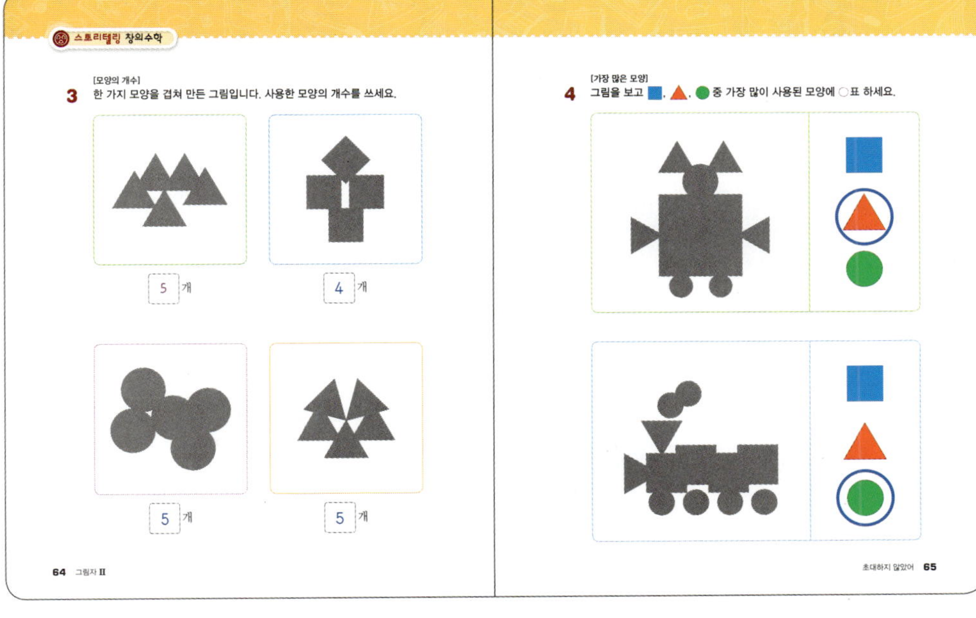

64 · 65

3 각 모양의 특징을 찾고, 그 특징을 이용하여 각 모양의 사용한 개수를 세어 씁니다.

4 네모, 세모, 동그라미를 이용하여 만든 그림자입니다. 모양의 특징을 이용하여 각 모양의 개수를 세고, 가장 많이 사용한 모양을 찾습니다.

Ⅲ 사라진 그림자

네모와 세모로 만든 새로운 모양의 그림
자를 예상해 보는 활동입니다. 세모를 네
모 위에 겹쳤을 때 그림자의 모양을 예상
해 보고, 그림을 그리도록 도와주세요. 다
른 모양의 두 도형을 겹쳐 다양한 그림자
를 만들어 보아도 좋습니다.

물건의 크기를 비교하고, 크기의 순서를 파악합니다.

1 물건을 비교하여 더 큰 것을 고를 수 있도록 도와주세요.

2 물건의 크기를 비교하여 더 작은 것을 고를 수 있도록 도와주세요.

3 세 물건의 크기를 비교하고, 가장 큰 물건을 고를 수 있게 도와주세요. 가장 작은 것을 찾아보는 활동을 추가해도 좋습니다.

물건의 크기를 비교하는 말을 사용하여 표현합니다.

1 두 물건의 크기를 비교하여 더 큰 것을 고를 수 있게 도와주세요.

2 그림을 보고 물건의 크기에 맞게 알맞은 문장을 완성할 수 있도록 도와주세요.

3 세 가지 물건의 크기를 비교하고, 작은 것부터 순서를 정할 수 있게 도와주세요. 생활 주변에 있는 다양한 크기의 물건을 큰 순서대로, 작은 순서대로 나열해 보아도 좋습니다.

80 · 81

1 하나의 물건을 기준으로 더 큰 물건을 찾아봅니다. 기준이 되는 것을 바꾸어 더 큰 물건, 더 작은 물건을 찾아봐도 좋습니다.

2 가장 큰 것과 가장 작은 것을 찾아봅니다. 크기 순서대로 말해보는 것도 좋습니다.

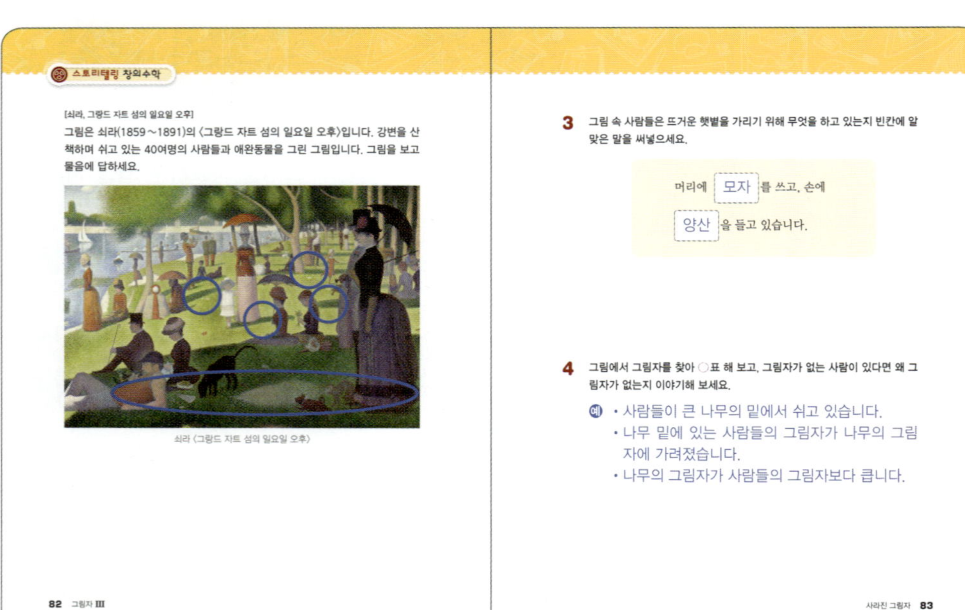

82 · 83

3 그림 속 사람들을 관찰하고, 햇빛을 가리기 위해 직접 시도했던 경험을 이야기하며 빈칸을 채울 수 있게 도와주세요.

4 크기가 다른 두 물건으로 햇빛을 가려 보면서 둘 중 하나의 그림자가 생기지 않는 것을 관찰한 후에 이야기를 나누어 보세요. 나의 그림자가 생기지 않게 하는 물건을 골라 보는 활동을 추가해도 좋습니다.

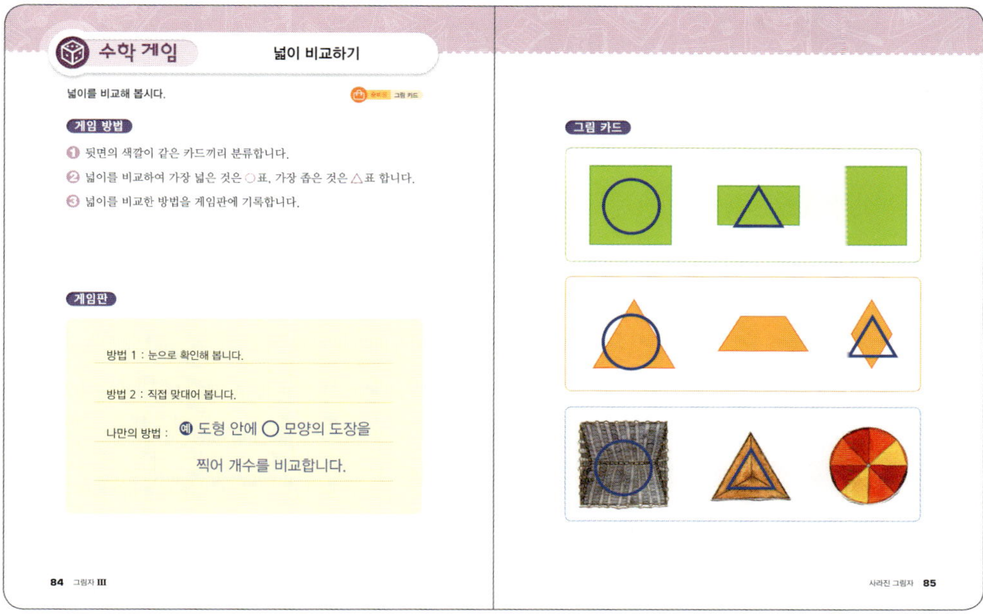

84 · 85

크기와 모양이 다양한 게임 카드의 넓이를 비교하는 활동입니다. '넓이' 대신 '크기'의 표현을 사용하여 설명할 수 있어요. 다양한 방법을 생각하고 이야기할 수 있게 도와주세요.

86 · 87

블록의 개수와 그림자를 관찰하고 그 관계를 파악하는 활동입니다. 블록을 더 높이 쌓을수록 그림자의 길이가 길어진다는 것을 이해할 수 있도록 지도해 주세요. 실제로 그림자를 만들어 보는 활동을 추가해도 좋습니다.

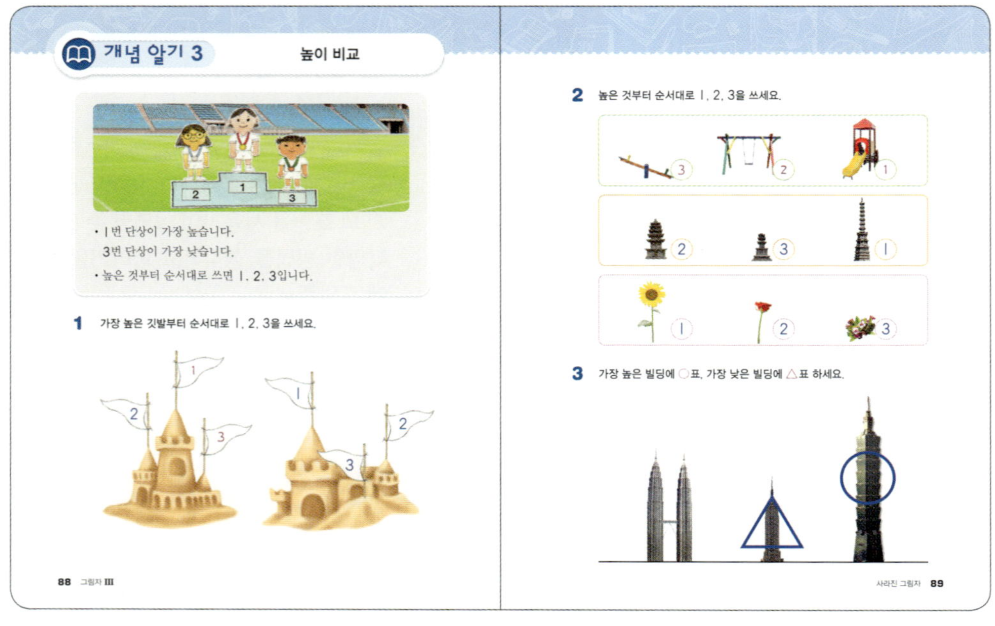

88 · 89

세 가지 대상의 높이를 비교하고 순서를 정해 봅니다. 비교하는 말을 사용하여 결과를 표현해도 좋습니다.

1 모래성에서 뾰족한 부분들을 비교하여 순서를 정할 수 있도록 지도해 주세요.

2 가장 높은 부분들을 비교하여 순서를 정할 수 있게 도와주세요. 생활 주변에서 볼 수 있는 의자, 책상, 문 등이 그와 같은 높이로 만들어진 이유를 생각해 보는 것도 좋습니다.

3 세 개의 빌딩을 비교하여 가장 높은 빌딩과 가장 낮은 빌딩을 찾을 수 있도록 도와주세요.

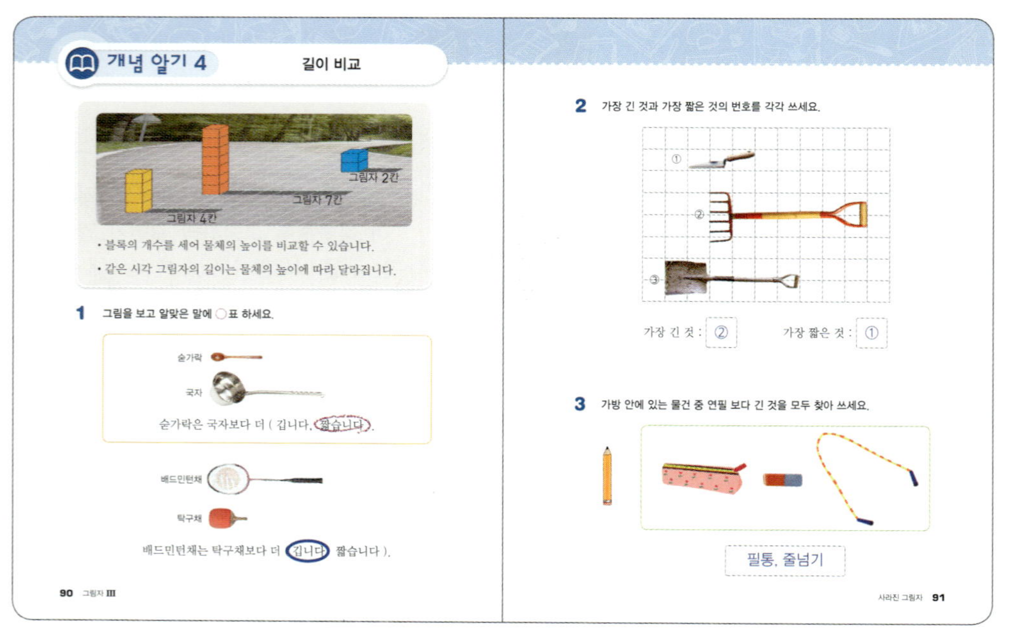

90 · 91

여러 가지 물건의 길이를 비교하고 순서를 정해 봅니다. 길이의 비교가 필요한 상황을 찾아보는 활동을 추가해도 좋습니다.

1 한쪽 끝을 맞추어 나란히 놓은 두 물건의 길이를 직관적으로 비교할 수 있게 도와주세요.

2 한쪽 끝을 맞추어 보거나 칸을 세어 길이를 비교할 수 있게 도와주세요.

3 실생활에서 아이가 자주 사용하는 물건의 길이를 비교할 수 있도록 도와주세요. 직관적으로 알지 못한다면 실제로 비교할 수 있도록 합니다.

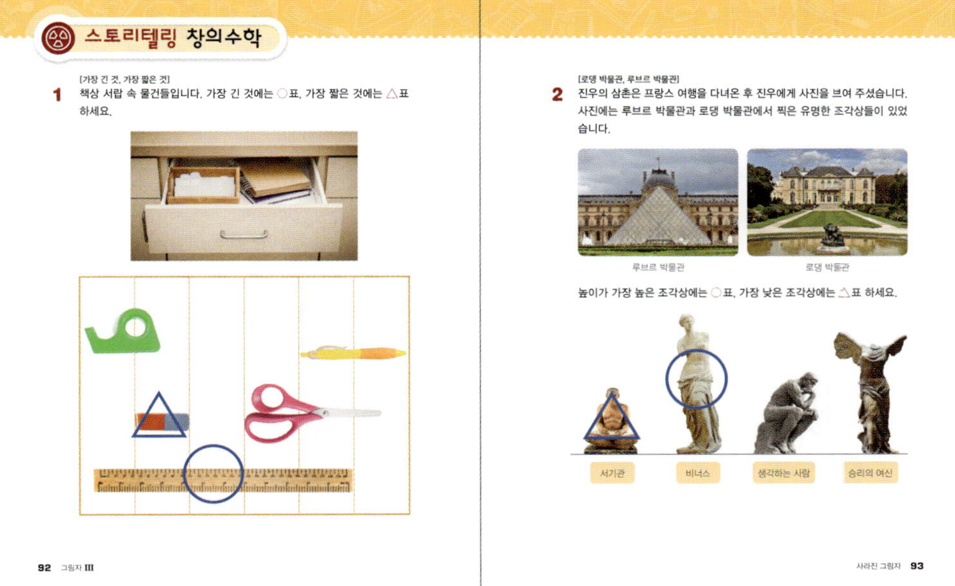

92 · 93

1 서랍 속 물건의 길이를 서로 비교해 봅니다. 서랍에 그어진 선을 이용하여 물건의 길이를 비교할 수 있도록 이끌어 주세요.

2 조각상의 높이를 비교해 봅니다. 조각상의 가장 높은 부분을 찾아 높이를 비교할 수 있게 도와주세요. 높이가 높은 순서대로 말해보는 것도 좋습니다.

94 · 95

3 대상과 그림자의 길이 관계를 파악해 봅니다. 둘의 길이가 같다는 관계를 이용하여 나무의 그림자의 길이를 구할 수 있도록 도와주세요. 눈금 1칸은 1을 의미합니다.

4 그림자와 구멍의 크기를 비교해 봅니다. 깃발의 그림자가 구멍의 크기보다 더 크므로 깃발의 그림자의 높이를 바꾸거나 없애야 합니다. 깃발을 뽑거나 더 낮은 깃발을 사용하는 등의 방법을 자유롭게 이야기할 수 있게 도와주세요.

Ⅳ 깜짝 놀랐잖아

이 단원에서는 '닮았다'의 의미를 이해하고 생활 주변에서 볼 수 있는 닮은 물건들을 살펴봅니다. 또한 모눈 칸을 이용하여 크기가 다른 닮은 도형을 직접 그릴 수 있습니다.

1 두 대상이 닮았는지 닮지 않았는지 구분하게 합니다.
2 '닮았다'의 의미를 알고, 닮은 모양과 닮지 않은 모양을 구분하게 합니다.
3 모양을 관찰하고 모눈 칸에 닮은 모양을 그리게 합니다.
4 칸의 크기가 다른 모눈을 이용하여 크기가 다른 닮은 모양을 그리게 합니다.

크기가 작은 동물들의 그림자가 커진 이야기를 통해 '확대와 축소'에 대한 호기심을 유발하고 있습니다. 그림자의 크기가 커진 이유를 다양하게 생각해 보고, 이야기 나누어 보세요.

104 • 105

그림자의 크기를 비교해 보는 활동입니다. 불빛에 가까이 갈수록 그림자의 크기가 커진다는 원리를 이용하여 알맞은 그림을 그릴 수 있도록 지도해 주세요. 불빛을 이용하여 직접 그림자를 만들어보는 활동을 해도 좋습니다.

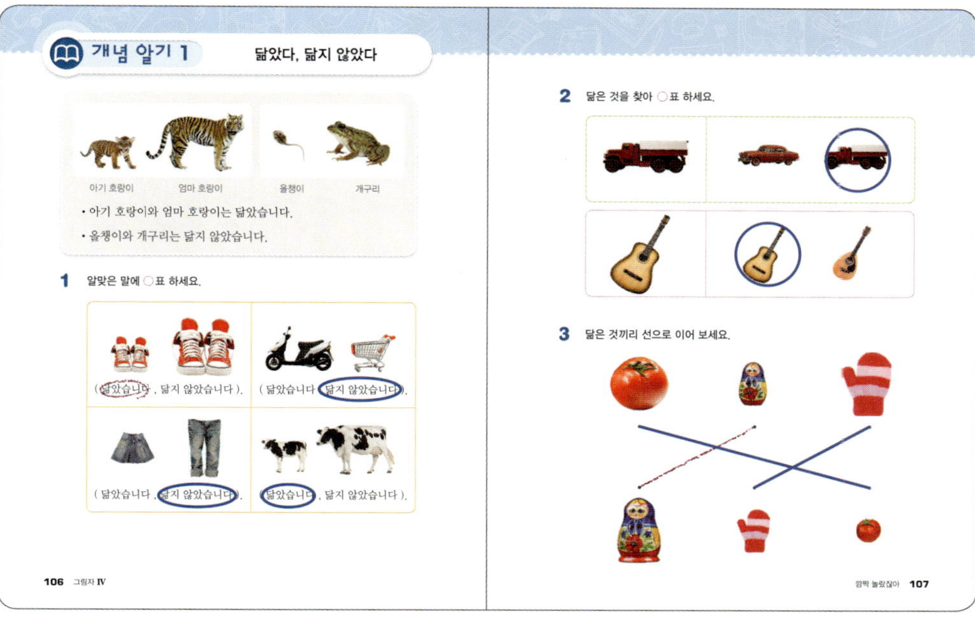

106 · 107

비교하는 두 대상의 모양이 닮았는지 닮지 않았는지 관찰해 봅니다. 생활 주변의 물건들 중에서 닮은 물건을 찾아보고 이야기 나누어도 좋습니다.

1 두 개의 물건이 닮은 이유와 닮지 않은 이유를 이야기해 보고, 알맞은 말을 고를 수 있도록 도와주세요.

2 물건의 모양을 비교하여 주어진 모양과 닮은 물건을 찾아 ○표 할 수 있도록 도와주세요.

3 물건의 모양을 비교하여 닮은 것끼리 선으로 연결할 수 있도록 도와주세요.

108 · 109

'닮았다'의 뜻을 이해하고, 닮은 모양을 찾아봅니다.

1 다양한 크기의 닮은 모양과 닮지 않은 모양을 구분할 수 있게 도와주세요.

2 서로 모양을 비교하여 닮은 모양을 찾을 수 있도록 지도해 주세요. 닮은 이유를 설명해 보는 시간을 가져도 좋습니다.

3 생활 주변에서 █ 모양과 닮은 모양의 물건들을 찾아 쓸 수 있도록 도와주세요.

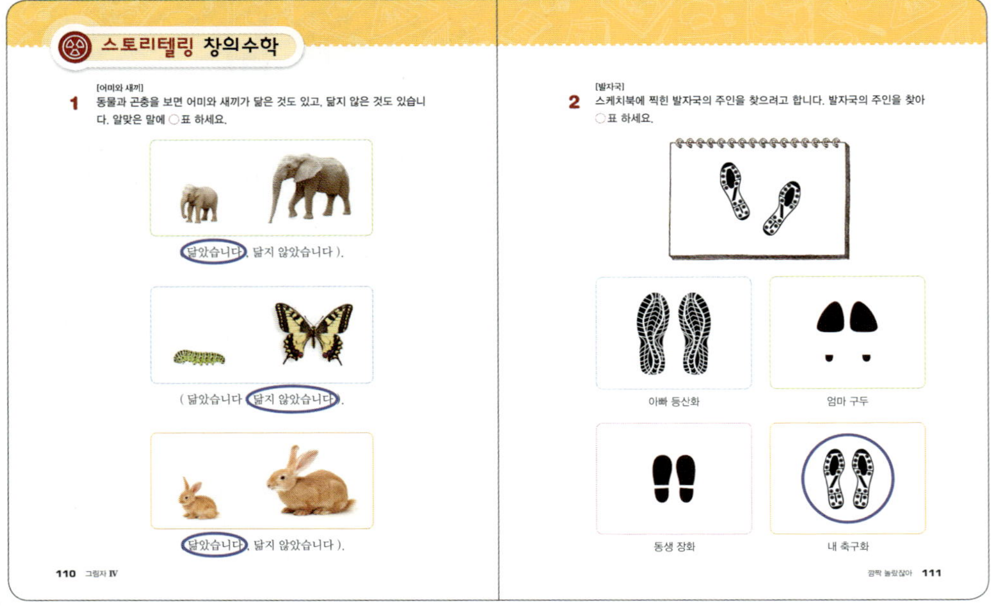

110 · 111

1 어미와 새끼의 닮음을 관찰해 봅니다. 닮은 이유와 닮지 않은 이유를 함께 이야기해 보세요. 어미와 새끼가 닮은 동물과 닮지 않은 동물을 더 찾아봐도 좋습니다.

2 발자국의 특징을 관찰하고 같은 발자국을 찾아봅니다. 직접 신발의 발자국을 찍어 보고, 발자국이 비슷한 신발을 찾아보세요.

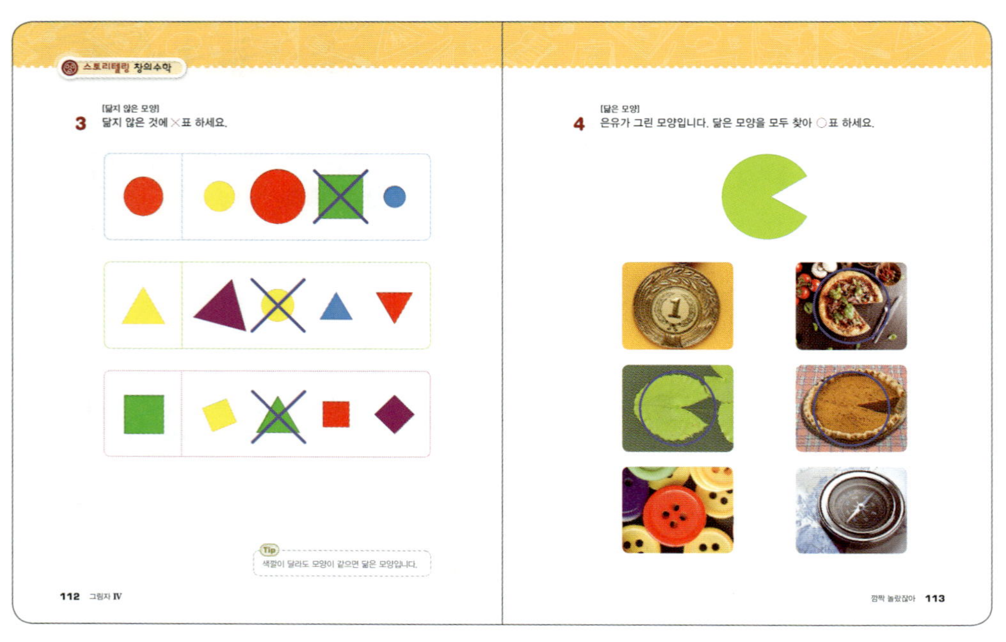

112 · 113

3 네모, 세모, 동그라미 모양의 특징을 이해하여 주어진 모양과 닮지 않은 모양을 찾아봅니다.

4 그림과 닮은 모양의 물건을 찾아봅니다. 닮은 이유를 함께 이야기해 보세요. 또 다른 그림을 그려 보고, 그 그림과 닮은 물건을 찾아봐도 좋습니다.

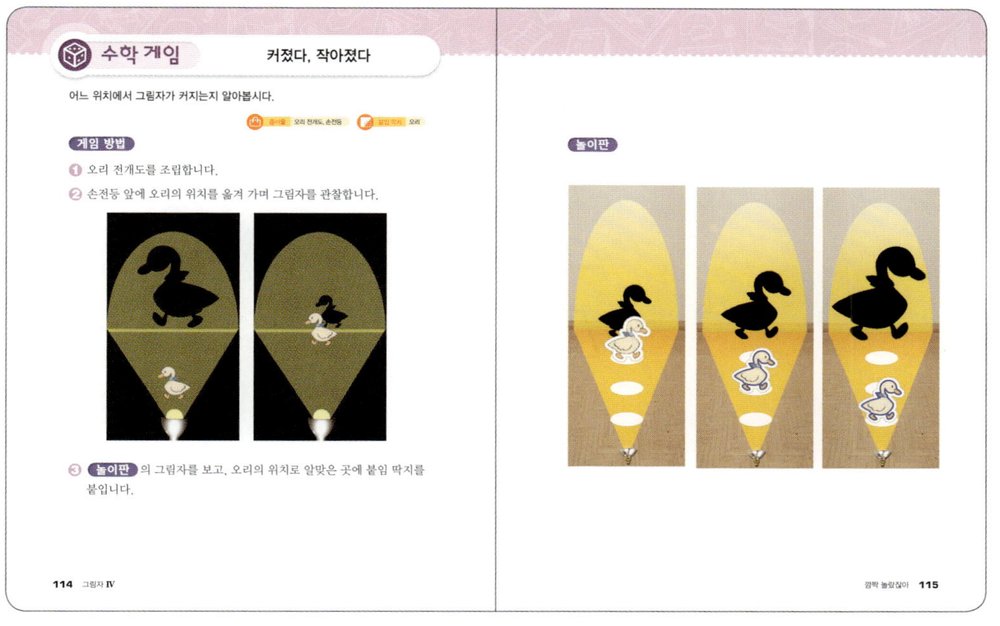

114 · 115

손전등과 오리의 거리에 따라 그림자의 크기가 달라지는 것을 이용한 활동입니다. 그림자의 크기가 변하는 원리를 이해하고 알맞은 위치에 붙임 딱지를 붙일 수 있도록 이끌어 주세요. 크기가 다른 두 도형으로 같은 크기의 그림자를 만들어 보는 활동을 추가해도 좋습니다.

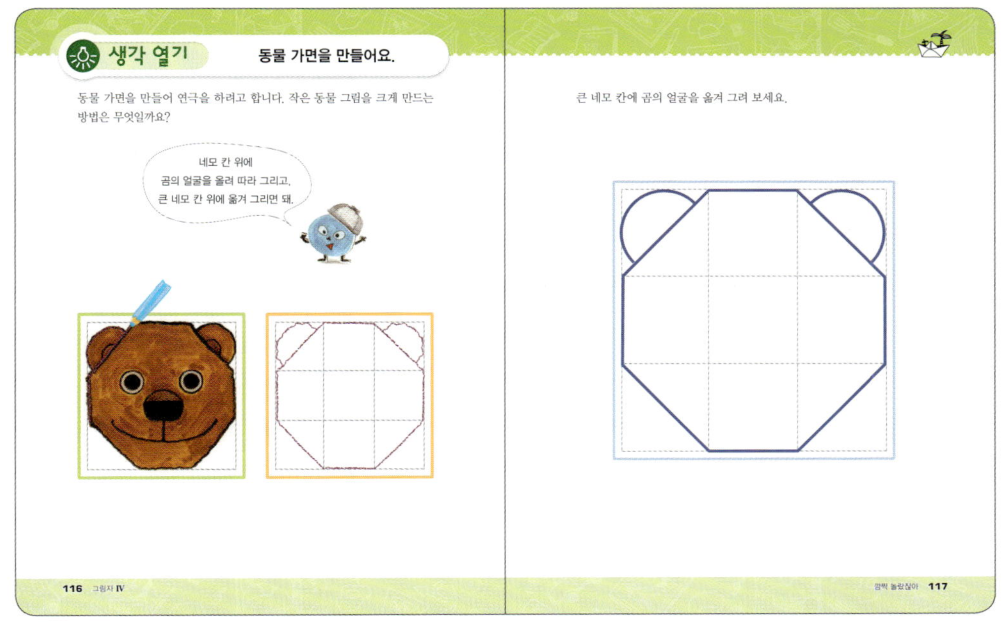

116 · 117

크기가 다른 네모 칸을 이용하여 닮은 모양을 그리는 활동입니다. 각 네모 칸 위에 그려진 그림을 관찰하여 같은 위치에 옮겨 그릴 수 있게 지도해 주세요. 더 작은 크기의 네모 칸을 사용해도 좋습니다.

개념 알기 3 — 닮은 모양 그리기

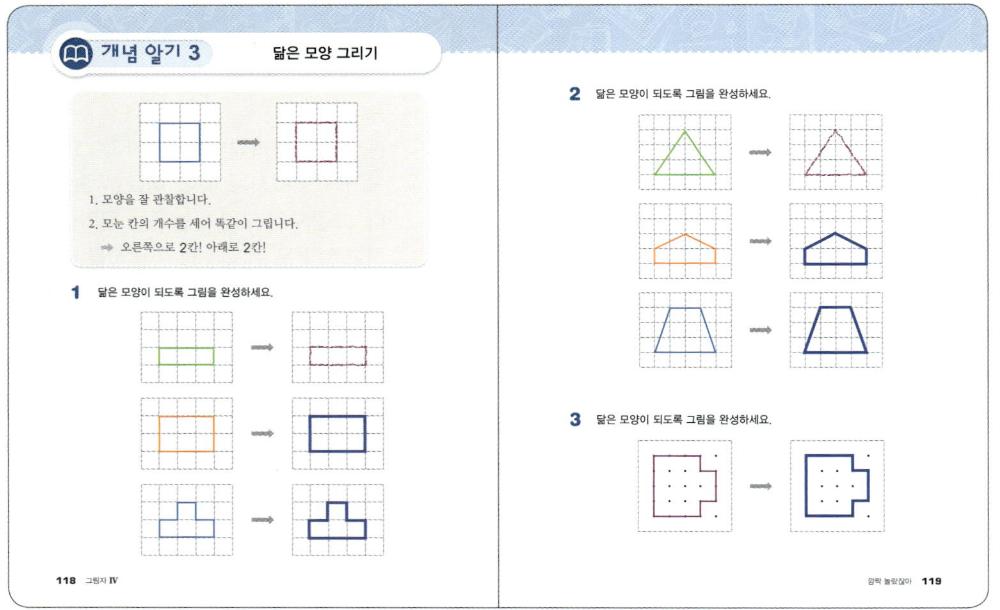

118 · 119

그림의 위치를 파악하여 크기가 같은 닮은 모양을 그립니다. 다른 모양의 닮은 모양을 그려 봐도 좋습니다.

1 그림과 모눈 칸의 위치를 잘 관찰한 후 같은 위치에 그리도록 지도해 주세요. 칸을 세어 가며 그려도 좋습니다.

2 그림의 위치를 잘 살펴보고 같은 위치의 모눈 칸에 그리도록 지도해 주세요.

3 점판에 그려진 그림에서 꺾어지는 부분의 점의 위치를 확인한 후 같은 그림을 그릴 수 있도록 지도합니다.

개념 알기 4 — 작게, 크게

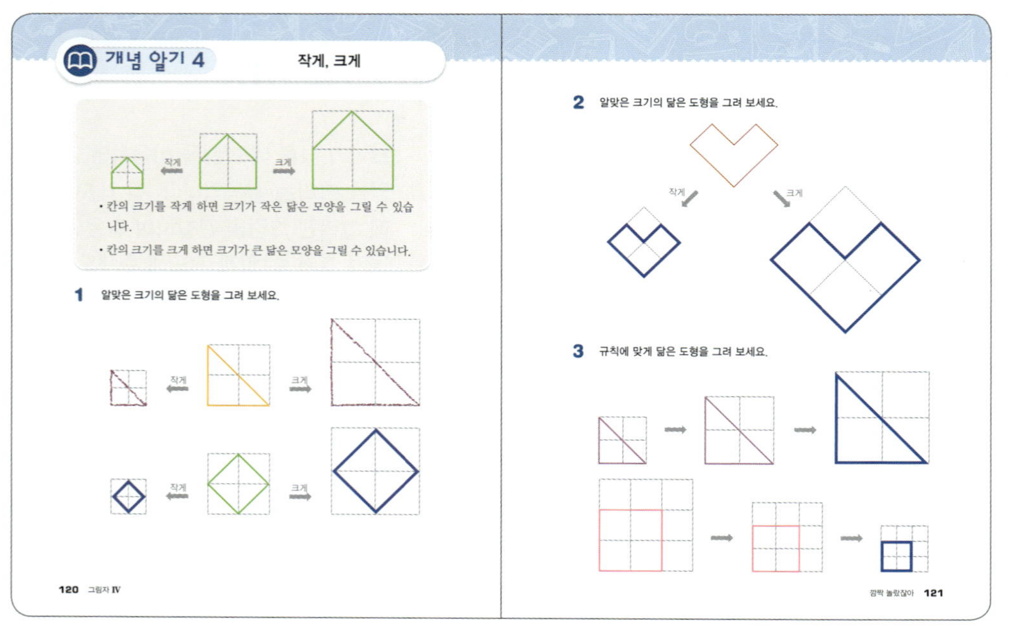

120 · 121

칸의 크기가 다른 모눈 칸을 이용하여 크기가 다른 닮은 모양을 그립니다. 다른 모양의 닮은 모양을 그려 봐도 좋습니다.

1 칸의 크기가 다른 모눈에 닮은 모양을 그리고 세 도형의 크기를 비교할 수 있도록 도와주세요.

2 그림 위에 모눈 칸을 그려 보고 위치를 파악하여 닮은 도형을 그릴 수 있도록 이끌어 주세요.

3 규칙에 맞게 점점 커지거나 점점 작아지는 닮은 모양을 그릴 수 있도록 도와주세요.

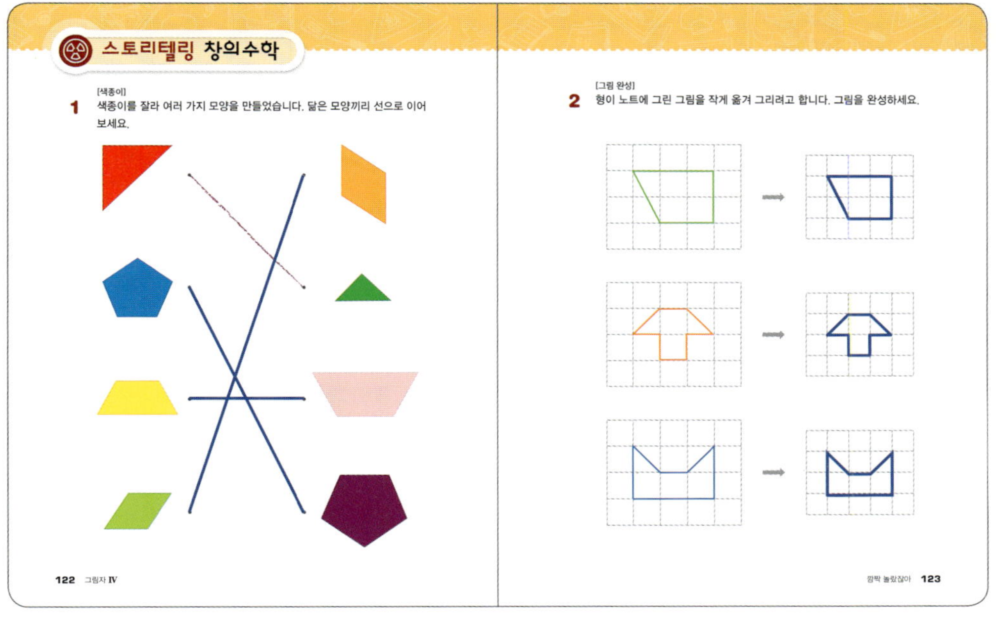

122 · 123

1 여러 가지 모양 중에서 닮은 모양을 찾아 선으로 연결해 봅니다. 닮았다고 생각한 이유에 대해 함께 이야기 나누어 보세요. 모양을 비교할 때 각 모양의 특징을 중심으로 비교해 보는 활동을 추가해도 좋습니다.

2 선의 길이와 위치를 관찰하여 같은 위치에 그림을 그립니다. 꺾이는 부분의 위치를 파악하여 점을 찍은 후에 그림을 완성해도 좋습니다.

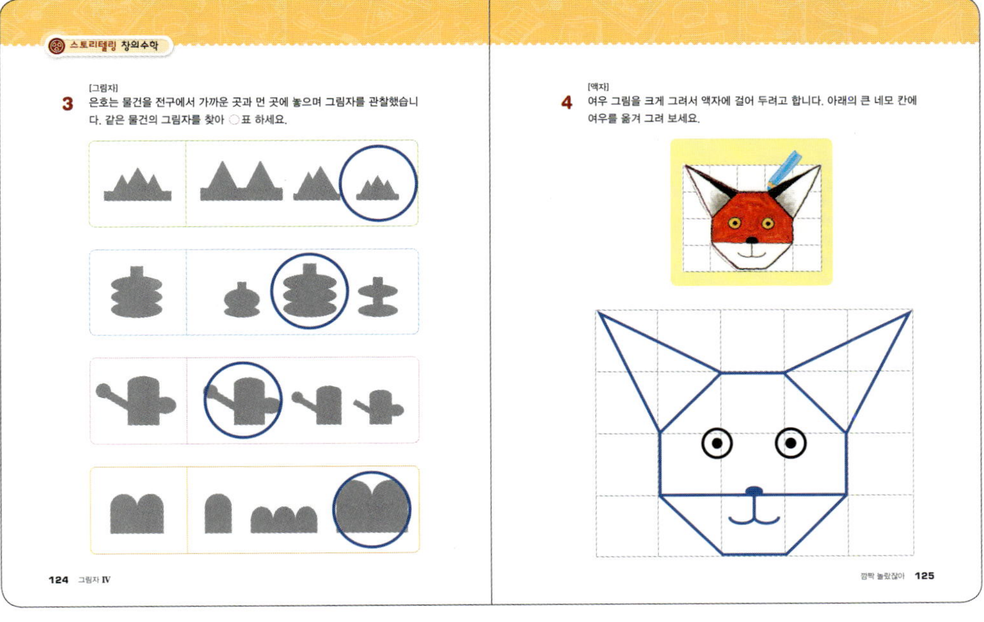

124 · 125

3 그림자의 특징을 이용하여 닮은 모양을 찾아봅니다. 각 그림자의 특징을 함께 이야기 나누어 보세요.

4 칸의 크기가 다른 모눈 칸에 닮은 모양을 그립니다. 꺾이는 부분의 위치를 잘 파악할 수 있게 도와주세요. 다른 동물 그림을 이용해도 좋습니다.

우리 아이의 수학적 잠재력을 깨워주는
창의력 수학
노크

A2
그림자로
배우는 수학

창의력 수학

노크

A 단계